Eric Frenzel

Impressum

Herausgeber:
ERZ.art GmbH Aue | Wettinerstraße 54 | 08280 Aue-Bad Schlema
Ein Unternehmen der medien.GRUPPE Chemnitz · Erzgebirge

Geschäftsführer:
Olaf Haubold

Autoren:
Eric Frenzel | Laura Frenzel | Silke Frenzel | Stephan Peplies

Layout und Gestaltung:
Uwe Tippner (Handling) | zugehörig ERZ.art GmbH
Michele Mielack (Grafik) | zugehörig kommunikation & design verlag gmbh

Bildnachweis
Eric Frenzel, Stephan Peplies, Igor Pastierovic
Adobe Stock:
Leonid Ikan (Rückseite), Leyasw (S.14), ondrejprosicky (S.25),
delkoo (S.33), Ana Gram (S.39), M.studio (S.114)

In Kooperation mit:
peplies consult GmbH
Stephan Peplies | Geschäftsführender Gesellschafter
65321 Heidenrod
peplies@pepliesconsult.de

Druck:
Druckerei und Verlag Mike Rockstroh, Aue-Bad Schlema

ISBN:
978-3-9824733-0-7

Nachdruck, auch auszugsweise, jede Art Speicherung, Verfielfältigung, Verwertung und Weitergabe nur mit vorheriger schriftlicher Genehmigung des Herausgebers gestattet.

Inhaltsverzeichnis

Vorwort Stephan Peplies   8
Vorwort Eric Frenzel   9

Weltcupsaison 2013/2014

Der Sprung in die Olympische Saison   10
Die Glücksfee und der PCR   11
Gut für die Seele   12
Man(n) trägt gelb   13
Weihnachtskurzurlaub im Erzgebirge   14
Das zweite Rennen   15
Trainingslabor   16
Badehosenzeit   17
Nordic Combined Triple?   18
Alles fließt   19
Gedankenfreiheit   20
Anflug auf Sochi   21
Jetzt gilt es   22
Ein Traum wird wahr   23
Rückkehr aus Sochi   24
Landpartie nach Falun   25
Der Kreis hat sich geschlossen   26

Weltcupsaison 2014/2015

Unter Kollegen   27
Die Detektive waren erfolgreich   28
Vom Backen zum Bakken   29
Nervenproben   30
Nach-Wettkampf-Stress   31
Organisationschaos und ein Startverzicht   32
Von der Säbelfeier nach Sapporo   33
Im Land des Lächelns   34
Tausendmal berührt...   35
Sverige är fantastisk   36
Gold für Deutschland im Loipenschach   37
Wir sind die Golden Boys!   38
Farbimpulse   39
Mission Titelverteitigung   40
Tu Felix Austria   41
Von Falun nach Flossenbürg   42
Schlussspurt mit Sightseeing   43

Weltcupsaison 2015/2016

Olympischer Spirit   44
Norwegisches Frühstück   45
Pension Tischlberger   46
Zwei Siege an einem Tag   47
Privatissime   48
Grüne Wiesen, grüne Tische   49
Rollentausch   50
Gut vorbereitet   51
Back in Business   52
Glücksmomente   53
Die große Kugel ist da   54

Weltcupsaison 2016/2017

Mein Freund Akito   55
Ruhetag   56
Fluggefühle   57
Bettgeschichten   58
Schwerstarbeit   59
Terra Incognita   60
Fragen und Antworten   61
UWV   62
Countdown in Lahti   63
Familienrituale   64
Wir sind Weltmeister!   65
Windlotterie   66
Gold-Drama   67
Ehrfurcht   68
Unendliches Glück   69

Weltcupsaison 2017/2018

Sonnengrüße aus Apulien   70
Schuhfieber   71
Alle jahre wieder   72
Seniorenteller auf italienisch   73
Achtschanzentournee   74
Schneeradar   75
Kleine Schanze, große Erinnerungen   76
Ein rot-blaues Wochenende   77

Neujahrsirritationen	78
에릭 프렌첼	79
Sans Souci	80
In der Ruhe liegt die Kraft	81
Olympischer Countdown	82
Olympischer Stolz	83
Mein kleiner Koreaner	84
Waaahnsinn	85
Nach dem Sieg	86
Nächste Aufgabe	87
Kurz vor dem Absprung	88
Historischer Tag	89
Olympia as usual	90
Goldene Jungs	91
Landung in Flossenbürg	92
Emma-Entzug	93

Weltcupsaison 2018/2019
Standortbestimmung	94
Weihnachtsweltcup	95
Rückzug nach Seefeld	96
Zentimeter um Zentimeter	97
Never give up!	98
Bei der Familie	99
Ruhe	100

Weltcupsaison 2019/2020
Nachjustieren	101
Neujahrsspringen á la Emma	102
Schanzentourismus	103
Expertenwissen	104
Omen in Oberstdorf	105
Der Geist von Seefeld	106
Einblicke und Lichtblicke	107
3 oder 5 und 5 vor 12?	108
Back to the roots	109

Weltcupsaison 2020/2021
In der Weihnachtsbäckerei	110
Corona-Weltcup	111
Durchstarten	112
Motivation hoch zehn	113
Karotten-Ingwersuppe	114
Frühstück in Flossenbürg	115
Tunnelblick	116
Ruhe vor dem Sturm	117
Phantasieweltmeisterschaft	118
Auftakt (fast) nach Maß	119
Ruhetag	120
Fokussierung	121
Silberglück	122
Mit Charme und Schere	123
Anlauf	124
Sprungdesaster	125
Weisheiten	126
Danke an Simone	127
Zum Nachdenken	128

VORWORT

Ein herzliches Glück auf,

der aus dem Erzgebirge stammende Eric Frenzel ist bereits in den Tagen der Gegenwart eine „lebende Wintersportlegende": drei Olympiasiege, sieben Weltmeistertitel, 17-WM-Medaillen, der fünfmalige Gewinn des Gesamtweltcups in Folge und 54 einzelne Weltcupsiege zeugen von der Dominanz des Jahrhundertsportlers in der Königsdisziplin des Wintersports, der Nordischen Kombination.

Eric Frenzel konnte in der Vergangenheit nicht nur durch seine sportlichen Erfolge überzeugen, sondern gewann vor allem die Zuschauergunst durch sein bescheidenes und bodenständiges, gleichzeitig auch zielstrebiges und intelligentes Auftreten, das von den Medien und der Öffentlichkeit durchgängig gewürdigt wurde; seine Erfolge und sein Umgang mit ihnen haben dem Modellathleten eine große, internationale Anhängerschaft beschert.

Dies führte auch zu „Führungspositionen" anderer Art: Fahnenträger der deutschen Mannschaft bei den Olympischen Spielen 2018 in Pyeongchang und Sprecher der deutschen Wintersportathleten.

Der sportliche Erfolg verdeckte immer ein wenig andere seiner Talente. Der Prosaist Ephraim Kishon hätte ihn wahrscheinlich als „besten Ehemann von allen" bezeichnet, dies in Ansehung seiner unbestrittenen handwerklichen und haushälterischen Fähigkeiten sowie seiner Fürsorge um Gattin Laura und die Kinder Philipp, Leopold und Emma.

Einen kleinen Blick durch das „Schlüsselloch", jenseits seiner medialen Erscheinung, gewährte Eric Frenzel immer wieder durch seine Kolumnen, die er oft, aber nicht nur, in den kleinen Momenten der Stille auf seinen Weltcupreisen verfasste, die Einblicke in das Seelenleben und in den familiären Alltag der Familie Frenzel gaben und in vielen nationalen Medien mit großer Resonanz bei der Leserschaft publiziert wurden.

In diesen Kolumnen hielt er immer wieder kleine Momente seines Sportlerlebens fest, die in Metern und Sekunden nicht gemessen werden konnten, aber ebenso wertvoll waren : sei es das Porträtieren seines manchmal eheähnlich anmutenden Zusammenlebens mit seinem Mannschaftskameraden, Zimmergenossen und Freund Björn Kircheisen, Rituale und Kuriositäten innerhalb des Weltcupzirkus oder das innere Hadern mit Fehlschlägen und die puren Glücksgefühle unmittelbar nach den herausragenden sportlichen Erfolgen, die die Eckpunkte seiner Bilderbuchkarriere bilden.

Es war ein Wunsch aus der Leserschaft, die schönsten Kolumnen aus der Feder des dreifachen Olympiasiegers in dem vorliegenden Band zu vereinen, um die einzigartige Sportlerkarriere des Nordischen Kombinierers Eric Frenzel nochmals aus einer ganz eigenen Perspektive betrachten zu können.

Diesem Wunsch sind wir nachgekommen und wünschen viel Freude beim Lesen.

Ihr Stephan Peplies

Liebe Leser, liebe Anhänger des Wintersports,
als mich vor einigen Jahren ein Brief mit der Bitte erreichte, ich möge meine Eindrücke vom Weltcup doch in Kolumnenform verfassen und medial verbreiten, hatte ich keine Vorstellung davon, welche Bedeutung diese kleine Textsäule für mich gewinnen sollte und gewonnen hat. Ich konnte mit meinen kleinen Geschichten rund um den Weltcup und den Winter eine Brücke zu denen schlagen, die mir immer die Daumen gedrückt haben, sei es vor Ort an Schanze und Loipe oder in der Heimat an den Fernsehschirmen, und sie teilhaben lassen an den Geschichten, die mir im Zusammenhang mit meiner sportlichen Karriere begegnet sind.

Am Abend irgendwo auf der Welt zu sein und eine Kolumne zu schreiben, die als Gruß in die Heimat geht, ist mir in den letzten Jahren eine schöne Übung geworden, die ich sehr bewusst vorgenommen habe.

Ich wünsche allen Lesern Zeit und Muße zur Lektüre meiner Kolumnen.

Herzlichst
Eric Frenzel

Familie Frenzel: Nesthäkchen Emma mit Frenzel-Vater Uwe, Philipp, Eric mit Gattin Laura, Leopold und Silke Frenzel, Erics Mutter (v.l.n.r.). Neben Eric gehören auch Laura und Silke Frenzel zu den Autoren dieses Buches

SKISPITZEN
Eric Frenzel

WELTCUPSAISON 2013/2014

DER SPRUNG IN DIE OLYMPISCHE SAISON

Tausende an Trainingskilometern auf Rollerski, Vorbereitungen in der Loipe und auf Schanzen, die mühsamen Trainingslager, bei denen man manchmal dem Schnee nachreisen muss – all das liegt nun hinter mir. Ich bin angekommen in Kuusamo, wo wir Nordischen Kombinierer unseren Weltcup-Auftakt begehen und damit eine erste Leistungs -und Standortbestimmung erhalten werden. Wenn ich an diesem Wochenende über den Schanzentisch gehe, wird es nicht nur irgendein Sprung sein, sondern für mich persönlich das Zeichen, dass ich mich nun gedanklich auf den Weg nach Sochi mache: es ist der Sprung in die olympische Saison.

Nach dem letzten erfolgreichen Winter, in dem ich nicht nur einen Weltmeistertitel, sondern vor allem den Gesamt-Weltcupsieg feiern durfte, hatte ich eine richtig gute Vorbereitung, es verlief alles reibungslos. Beflügelt durch die Erfolge bin ich in die umfangreiche Sommervorbereitung gegangen, habe nur wenig an der Strategie und an den Trainingsumfängen im Vergleich zum Vorjahr geändert.

Die abschließenden Tests im heimischen Klingenthal auf der Schanze und in der Loipe haben gezeigt, dass ich im Sommer gut gearbeitet habe. Ich fliege sehr entspannt nach Finnland.

Aber einen Unterschied zum Vorwinter gibt es doch, den ich so nicht erwartet hätte: die Motivation und die Erwartung an mich selbst sind gestiegen. Es wird interessant sein, zu beobachten, wie sich die mentale Einstellung in Erwartung des Höhepunkts zum Schluss der Saison entwickelt und wie sich einzelne Ereignisse auf sie auswirken.

Der Auftakt wird bereits Nervenkitzel mit sich bringen, jeder möchte einen guten Einstieg in den Winter finden, auf dem man aufbauen kann. Aber die Schanze in Kuusamo ist sehr windanfällig und in der Regel schwierig zu springen – sie ist ein Favoritenkiller. Auch die Streckenführung ist sehr selektiv und gehört zu den anspruchsvollsten Kursen des Weltcup-Winters. Von Anfang an wird es also sehr spannend werden.

Ich freue mich, dass es losgeht!

DIE GLÜCKSFEE UND DER PCR

Ein kleiner Vorweihnachtswunsch ist in Erfüllung gegangen. Ja, ich hatte mir tatsächlich gewünscht, das „Gelbe Trikot", das ich nach meiner Ankunft beim ersten offiziellen Training als Gesamtweltcupsieger der vergangenen Saison erhalten hatte, nicht gleich wieder nach dem ersten Wettkampf ausziehen zu müssen. Dafür hatte ich mich in der letzten Saison zu sehr abgemüht, um dieses nach Hause tragen zu können.

Denise Herrmann, meine Vereinskameradin aus Oberwiesenthal, der ich zu ihrem furiosen Saisonauftakt per SMS gratuliert hatte, schrieb doch prompt mit der Vorhersage zurück: „Du holst Dir mit dem PCR in Kuusamo gleich den ersten Sieg!"

PCR, PCR? – Irgendwie stand ich einen Augenblick neben mir. PCR? Hatte ich zu Hause in Oberwiesenthal irgend etwas an technischer Ausrüstung vergessen, was ich jetzt dabei haben sollte? War das der Name eines neuen Skiwachses?
Hatte ich die bedeutungsträchtige Umbenennung eines Trainers, Funktionärs oder Skitechnikers nicht mitbekommen? Wenn mir ein PCR den Sieg beschaffen sollte, wäre es doch interessant zu wissen, was das ist, um zu schauen, ob ich ihn auch mit habe, diesen PCR.

„Na, Eric, wie geht`s, alles klar?" fragte eine vertraute Stimme zum Frühstück. „Ja, sicher, mit dem PCR wird doch alles gut, oder?" fragte ich zurück. „Ja" bekam ich zur Antwort. „Mit Deinem ‚Pocket Jump' kannst Du doch zufrieden sein!" Pocket Jump, richtig – PCR war irgendeine Abkürzung für den Trainingssprung, der gewertet wird, falls ein Springen am Wettkampftag nicht denkbar ist.

Was das Kürzel jetzt exakt bedeutete, war mir immer noch verborgen, aber ich wusste nun, dass es die Umschreibung für den Pocket Jump war!

Der erste Wettkampfsprung in die Weltcupsaison 2013/2014 in Kuusamo

Wenig später wurde es draußen schnell zur Gewissheit, dass zum ersten Mal in der Geschichte der Nordischen Kombination diese Ersatzsprungregel zum Tragen kam – der Kuusamo-Wind machte uns einen Strich durch die Rechnung und ich konnte einen guten Sprung „aus der Tasche ziehen" – das Training war mit der viertbesten Weite sehr gut gelaufen.
Das Rennen ging mir gut von der Hand.

Ich startete mit einem Rückstand von 1,12 Minuten und konzentrierte mich ganz auf mich und mein eigenes Tempo. Nach vorne konnte ich schneller als erwartet aufholen, nach hinten hielt ich die Verfolger auf Abstand. Ich bin schon an meine Leistungsgrenzen gegangen, so dass zum Ende des Rennens mein Vorsprung, den ich mir dann an der Spitze herausgearbeitet hatte, wieder zu schmelzen begann. Aber das Ziel kam für die Verfolger zu schnell. Überglücklich konnte ich den Vorsprung retten.

Das „Gelbe Trikot" ist weiter bei mir, dank Glücksfee und PCR!

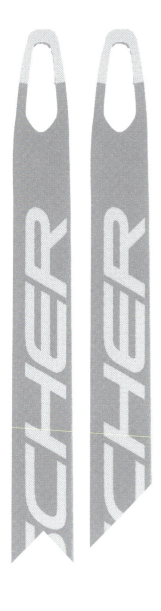

GUT FÜR DIE SEELE

Nach dem ersten Weltcupwochenende, das mit meinem Einzelsieg und dem Podestplatz für die Mannschaft sehr erfolgreich verlief, sind wir wieder in heimischen Gefilden. Beides ist gut für die Seele. Der Auftakt nach Maß gibt einem die Bestätigung, dass man in der Vorbereitung den richtigen Aufbau gewählt hat, der Rückzug nach Hause gibt einem mehr als an anderen Orten, die Möglichkeit zu regenerieren.
Der nächste Wettkampf findet im norwegischen Lillehammer statt. Die Zwischenzeit nutzen wir nun, in Oberwiesenthal zu trainieren, wo die Schneeverhältnisse im Moment sehr gut sind.

Was wir hier tun, ist aus Erfahrungen der letzten Jahre gewachsen. Der direkte Umzug von Kuusamo nach Lillehammer hätte mit Zwischenstopps und Aufenthalten sehr viel Zeit gekostet – Reisestress pur. In Lillehammer selbst braucht man jenseits der Trainingseinheiten fast eine Beschäftigungstherapie, um die freie Zeit sinnvoll zu verbringen.

Jetzt liegen die Dinge anders. Wir wurden mit einer Transall C 160 Propellermaschine der Bundeswehr aus Kuusamo ausgeflogen – mit dem Mannschaftsbus direkt aufs Flugfeld, Einstieg über die Laderampe und mit 40 Leuten im Großraum der Maschine.

Auf uns wartete ein Erlebnis der besonderen Art, ist ein Flug mit einer Transall doch ein kleines Abenteuer. Die Laune an Board war gut, abwechselnd durften wir zu den Piloten ins Cockpit, um uns erklären zu lassen, wie ein derartiges Flugzeug zu manövrieren ist und was eine solche Maschine so kann. Militärischer Komfort ist natürlich etwas anderes als die Business Class, aber vor allem das Gemeinschaftserlebnis ist unerreicht.

Vier Stunden später, bei rund 500km/h Fluggeschwindigkeit, landeten wir in Erfurt, nach zwei weiteren Stunden war ich daheim bei meiner Familie, für die es in diesem olympischen Winter ohnehin lange Phasen ohne „Papa" geben wird. Mit dem Aufenthalt zu Hause stellt sich ein sofortiger Tapetenwechsel ein. Zwischen den Trainingseinheiten ist man gemütlich daheim, ich kann mit meinem Sohn spielen und bin froh, im eigenen Bett zu schlafen. Man befindet sich jenseits eines Lagerkollers.
Vor allem für die geistige Regeneration ist das „deutsche Modell" – einige Nationen sind direkt nach Lillehammer weitergereist – sehr gut.

Ich freue mich also schon jetzt wieder auf die Transall und den nächsten Weltcup in Norwegen.

MAN(N) TRÄGT GELB

Was ein Fußballer scheut, wie der Vampir den Knoblauch, ist die Farbe „Gelb", da diese, wenn sie im Spiel vor seinen Augen auftaucht, ihm zeigt, dass er wohl gerade unfair gespielt hat und jetzt verwarnt wird. Ganz anders liegen die Dinge bei uns Kombinierern – wir lieben „Gelb"! Hat man dies im Wettkampf an, ist man zu diesem Zeitpunkt der beste Athlet der Saison und kann darauf schon ein wenig stolz sein. Bevor man sich aber die gelbe Startnummer als Zeichen des Gesamtweltcup-Führenden überstreifen darf, hat man in der Regel einen großen Kampf hinter sich. Das letzte Wochenende war davon geprägt.

Zwischen dem Franzosen Jason Lamy Chappuis und mir war ein heißer Kampf um das „Gelbe Trikot" entbrannt. Im ersten Wettkampf hatten wir ein fürchterliches Windspringen, wobei die Bedingungen immer schlechter wurden. Insofern war meine gelbe Startnummer ein kleiner Fluch, da ich als Gesamtweltcup-Führender als letzter Springer starten musste und das war auf der Lillehammer Schanze in diesem Augenblick der denkbar schlechteste Zeitpunkt. Nach ca. 70 m Flug blieb das erhoffte Luftpolster, da der Wind gedreht hatte, schlicht aus und ich musste eine Art Notlandung vollbringen und dies bei mageren 88,5 Meter. Mein Konkurrent und Freund Jason dagegen konnte gute Bedingungen genießen, sprang auch sehr gut, und durfte sich mit Blick auf den bevorstehenden Lauf darauf freuen, die gelbe Startnummer erobern zu können. Mir war in diesem Moment klar, dass ich mich nach diesem Wettkampf gedanklich „umzuziehen" hatte. Mein Ziel: den Punkteverlust so gering wie möglich zu halten und am nächsten Tag wieder zur Jagd auf das „Gelbe Trikot" zu blasen. Es war ein brutaler Kampf in der Loipe – ich konnte von Platz 43 auf Platz 10 vorlaufen. Damit konnte ich Jasons Eroberung der „gelben Fahne" nicht verhindern, doch die Möglichkeiten für den Folgewettkampf waren gewahrt.

Als ich am nächsten Morgen aus dem Fenster schaute, kamen gerade die ersten gelblichen Sonnenstrahlen durch – man reagiert als Kombinierer mitunter schon auf kleine Zeichen und legt sie als Omen für sich selbst

Weltcupsieg und Siegerehrung in Lillehammer 2013

aus. In der Tat kam mit der Sonne die Windstille, das motivierte mich sehr. Im Probesprung klappte es schon sehr gut, das spornte mich ungemein an. Als ich diesmal sprang, war ich nicht mehr der Letzte, ich konzentrierte mich voll und ganz auf einen guten Sprung und blendete alles andere um mich herum aus. Als ich am Schanzentisch absprang, hatte ich ein „gelbes Gefühl": 135 m, Platz 2.

Der Lauf war dann ein einsames Rennen an der Spitze, nachdem ich ziemlich schnell den führenden Russen Klimov eingeholt hatte. Obwohl hinter mir bald die ersten, schnellen Norweger auftauchten, konnte ich den Abstand halten, ohne alles in die Waagschale werfen zu müssen. Das gab mir eine ungeheure Motivation. Kurz vor dem Zieleinlauf kamen mir an der Strecke drei norwegische Frauen in den Blick mit knallgelben Anoraks.

Diesem modischen Trend wollte ich mich letztlich auch nicht verschließen und konnte mir am Abend dieses Tages auch „das kleine Gelbe" wieder überstreifen.

WEIHNACHTSKURZURLAUB IM ERZGEBIRGE

Nach den Wettkämpfen in Lillehammer und vor dem Weltcup in Ramsau, ging es für mich zunächst zu meinen Eltern ins Erzgebirge.

Schließlich ist Weihnachtszeit und für einen Erzgebirger gibt es nichts schöneres, als diese Zeit gemütlich im Kreis der Familie zu verbringen. Jeder, der mal in der Adventszeit im Erzgebirge war, weiß wovon ich spreche. Wir leben noch die alten Traditionen mit Handwerkskunst und leckeren Rezepten. Trotz der Anspannung im Weltcup und der vielen Reisen, möchte ich so viel wie möglich davon mitbekommen, um abzuschalten und den Kopf immer wieder frei zu bekommen.

So wollte ich mir also den Wunsch nach einem Weihnachtsmarktbesuch in Geyer erfüllen und am nächsten Morgen ausschlafen, da wir ja an den Wettkampf-Wochenenden immer zeitig rausmüssen und ich auf den Reisen nicht der Typ bin, der einfach mal die Augen zumachen kann.

Der erste Teil dieses Wunsches ging wunderbar in Erfüllung. Wir verbrachten einen netten Abend auf dem Weihnachtsmarkt bei Bratwurst, Lebkuchen und (einem) Glühwein. Entspannt fiel ich spätabends ins Bett, aber mit Ausschlafen wurde nichts. 7 Uhr morgens weckte mich das Läuten an der Haustür: Dopingkontrolle durch die NADA. Tja, business as usual für uns Sportler. Dass es aber ausgerechnet an diesem Morgen sein musste, konnte man schon fast verfluchen.

Nach einigen Apfelsaftschorlen auf nüchternen Magen, konnte ich den geforderten Beitrag für den „sauberen Sport" leisten und der Kontrolleur zog zufrieden von dannen. Mit dem Schlaf war es vorbei, so dass ich mich gedanklich mit dem Weltcup in Ramsau beschäftigen konnte. Eine Kraft-Einheit am Vormittag, eine lockere Ausdauer-Einheit am Nachmittag, Kofferpacken am Abend.

Der Kurzurlaub war zu Ende und Ramsau in Sicht.

DAS ZWEITE RENNEN

Der dritte Sieg im vierten Einzelrennen – auch den Weltcup in Ramsau konnte ich erfolgreich bestreiten – ich bin überglücklich!
Nach dem Einlauf ins Ziel und einem kleinen Interview, nachdem man wieder einigermaßen ruhig atmen kann, beginnt für mich das, was ich gerne als das „zweite Rennen" bezeichne, von dem aber das große Fernsehpublikum, vor allem in Deutschland, nichts mitbekommt.
Wie im richtigen Rennen zählt auch hierbei jede Minute. Nach dem Erstinterview für den deutschen Sender, ziehe ich mich schnell um, um nicht im eigenen Schweiß kalt zu werden.
Man durchläuft eine kleine Pressegasse mit internationalen Journalisten, Interviews für die ganze Welt. Vor allem die Skandinavier sind sehr versiert, wenn es um detaillierte Fragen zum Wettkampfverlauf geht. Danach die Siegerehrung. Es ist immer wieder ein schöner Moment, gefeiert zu werden. Die Dopingkontrolleure warten auch schon, das ist im Zeitablauf oftmals die große Unbekannte. Da ich aber nach dem Rennen schon sehr viel getrunken hatte, erledigte sich das diesmal rasch. Das Protokoll sieht dann im Pressezentrum noch eine förmliche Pressekonferenz vor, zu der ich spurte. Danach laufe ich noch aus, um endlich ins Hotel zu kommen, in mein Zimmer, unter die Dusche, um jetzt anzukommen – bei mir selbst.
Jetzt sind unter fließend warmem Wasser die Minuten da, in denen der Wettkampf noch mal vor die Augen kommt und sich wohlige Zufriedenheit einstellt. Nachdenken über einen weiteren, wichtigen Schritt in dieser noch jungen Saison.

Meine Familie ist jetzt auch ins Zimmer gekommen, Laura und mein kleiner Philipp waren nämlich auch nach Ramsau gereist, um lauthals Unterstützung zu geben. Wir packen zusammen die Taschen, ein letzter Blick durchs Zimmer, ob nichts liegen geblieben ist, schnell runter in die Lobby, Verabschiedungen hier

Der nächste Coup in der noch jungen Saison – Sieg am Dachstein 2013

und da, ein Händeschütteln mit dem Hotelier mit dem Wunsch auf ein Wiedersehen im nächsten Jahr. Das Gepäck wird verstaut und dann sind wir am Anfang einer gut sechsstündigen Fahrt nach Hause, wenn die Verkehrslage es zulässt. Die Abfahrt aus dem hochgelegenen Ramsauer Tal am Dachstein ist am Anfang über die Serpentinen noch etwas zähfließend. Auf der Autobahn nehmen wir dann eine gute Reisegeschwindigkeit auf. Der Normalfall ist die Rückfahrt mit Trainern oder Betreuern – diesmal sind die Begleiter meine Liebsten. Auch lassen wir oft den Wettkampf Revue passieren, man spricht über sich selbst und dann auch über die Leistungen des Teams.
Es ist kurz vor Mitternacht, als wir die heimische Hofeinfahrt erreichen. Ich trage meinen Sohn, der eingeschlafen ist, in sein Bett. Auch das Auto wird noch ausgepackt. Die Schmutzwäsche noch schnell in die Maschine. Dann ist das „zweite Rennen" auch gelaufen.

Letzte Gedanken an den Wettkampf vor dem Schlaf, der tief und fest sein wird.

TRAININGSLABOR

Rund vier Wochen vor der olympischen Eröffnungsfeier in Sochi arbeiten wir in Oberwiesenthal rund um die Uhr an Kleinigkeiten! Kleinigkeiten, die am Ende über Medaillenträume entscheiden: zwei Meter mehr beim Sprung, zehn Sekunden Vorsprung in der Loipe. Man ist fast an Laborbedingungen erinnert. Alles wird ausgewertet, alles wird bedacht im Kampf um Geschwindigkeit und Zeit.

Auf die „großen" Dinge achten wir nicht mehr. Die Anfahrt beim Skisprung, das Timing beim Absprung – diese Abläufe sind automatisiert und sitzen, wie man auch in Wettkämpfen der gegenwärtigen Saison gesehen hat.

Nein, wir forschen nach den Kleinigkeiten. Beim Skispringen ist die Haltung entscheidend für den Flugverlauf und die Weite. Also geht es darum, Haltung zu bewahren. Die V-Stellung ist für die Nutzung des Auftriebs und des Luftpolsters entscheidend. Daher analysieren wir mit den Trainern gemeinsam, wie wir in der Luft stehen. Ist das „V" gleichmäßig gestellt, wenn nicht, warum nicht. Hängt ein Schenkel des V, kann das viele Gründe haben. Auch Mediziner und Biomechaniker schauen jetzt darauf. Kann ein Sportler das „V" gar nicht richtig stellen, weil die Bauchmuskulatur auf einer Seite nicht richtig arbeitet? Arbeitet sie nicht richtig, weil die Muskelfaszien durch Gewebeflüssigkeiten verklebt sind, vielleicht nach einer Erkältung? Muss der Sportler dann schleunigst zur Manualtherapie, um die Muskeln zu entblockieren, damit im Training das „V" ordentlich gestellt werden kann?

Sind die Arme während des Flugs parallel und an der richtigen Position im Hinblick auf den Luftwiderstand? Ist die Telemark-Landung technisch sauber, um die Punktrichter zu überzeugen, d.h. sind die Arme bei der Landung senkrecht vom Körper gestreckt, ist der Ausfallschritt groß genug und nicht zu breit? Wird er ordentlich ausgefahren?

Derzeit wird alles unter die Lupe genommen, vom Absprung bis zur Landung. Immer wieder wird dies auch durch Materialtests begleitet. Ski, Bindung und Anzug haben selbstverständlich auch ihren Anteil an einem mustergültigen Skisprung.

Was den Körper anbelangt, haben wir die Grundlagenausdauer in den vergangenen Tagen nochmals gestärkt, die letzten Wettkämpfe vor Sochi nutzend, um spritzig zu werden. Wir stimulieren die Wettkampfhärte. Auch die Lauf-und Gleittechnik wird analysiert und Ableitungen werden vorgenommen.

Mir macht diese Vorbereitung immer wieder immens Spaß, wenn man Kleinigkeiten entdeckt, die eine Optimierung der Leistung bedeuten können. Man ist in eigener Sache ein kleiner Forscher und lernt die komplexen Zusammenhänge, die hinter einer Sportart stehen, genau kennen.

Ein guter Sprung, ein guter Lauf in Sochi wird das Ergebnis eines Prozesses sein, der Hunderte Faktoren zu einem Ganzen verzahnt. Ich arbeite weiter daran.

Trainingsalltag in Oberwiesenthal - zwischen den Wettkämpfen 2013

BADEHOSENZEIT

Ja, es ist unglaublich – wir genießen beim Weltcup den Blick auf grüne Almen und laufen uns mit hochgekrempelten Ärmeln förmlich heiß. Fast zweistellige Temperaturen im Wettkampfwinter habe ich so eigentlich noch nicht erlebt, zumal die Austragungsorte gewöhnlich auf Höhen liegen, die sonst als schneesicher gelten. Betrachtet man als Fernsehzuschauer diese Situation achselzuckend, bringt uns diese in regelrechte Turbulenzen. Damit sind nicht die Witze unter Mannschaftskameraden gemeint, ob heute nicht die Badehose geeigneter zum Laufen sei, als der Rennanzug – nein, die Temperaturen sind ein echtes Problem für Sportler und Techniker.

Der französische Weltcup am vergangenen Wochenende war von den Auswirkungen hoher Temperaturen geprägt. Die Loipe war stark aufgeweicht und mit sulzigem Schnee versehen, wodurch die Unfallgefahr auf der Strecke und vor allem in den Kurven sehr hoch war. Abfahrtsgeschwindigkeiten und Einsinktiefen im Schnee vertragen sich nicht gut und führen oftmals dazu, dass der Athlet ins Wanken und Schleudern gerät.

Auch für unsere Techniker bedeutet dieses Wetter Schwerstarbeit. Zu welchem Wachs greift man? Welches Präparat reagiert am besten mit dem Ski bei diesen Temperaturen? Die Wachsverwendung ist ja fast eine Wissenschaft für sich, die sich vor allem auf Erfahrungen und Beobachtungen stützt. Was aber bei Bedingungen tun, die es so selten gibt, dass keine vernünftigen Erfahrungswerte vorliegen? Zwischen den Technikern hinter den Kulissen fühlt man sich wie in einer Hexenküche oder auf einer Messe für Hobbyköche.

Es werde regelrecht Rezepte ausgetauscht und ausprobiert – das Testen der Wachskombinationen ist um einiges umfangreicher als gewöhnlich. Unsere Jungs von der Technik hatten eine glückliche Hand mit ihren Experimenten, in Frankreich hatten wir unglaublich gute Skier, was aber kein Garant für Spitzenleistungen ist. Trotz dieser Rahmenbedingung kann einem das schlechte Wetter doch noch schaden, nämlich dann, wenn ein Konkurrent nicht so guten Wachs unterm Ski hat, strauchelt oder stürzt und andere damit abdrängt oder behindert. Einem solchen Fall wurde ich zum Opfer, kurz vor dem Zieleinlauf.

Es lohnt sich aber nicht, damit zu hadern – das Schicksal verteilt die Dinge schon gleichmäßig. Vielleicht war es auch mal gut so, dass wir als Generalprobe für Sochi solche Bedingungen hatten. Sochi liegt ja bekanntlich am Meer, wo die Temperaturen auch manchmal nicht winterlich sind.

Neben meinen olympischen Rennanzügen sollte im Koffer für Sochi vielleicht auch eine Badehose liegen, man weiß ja nie.

Streckenanstieg beim Weltcup 2014 in Chaux-Neuve

Nordic Combined Triple 2014 – „Ich liebe dieses Wettkampfformat"

NORDIC COMBINED TRIPLE?

Was die Vierschanzentournee für die Spezialspringer und die Tour de Ski für die Langläufer ist, wird für uns in Zukunft das Nordic Combined Triple sein. In Seefeld wird am kommenden Wochenende dieses Event seine Premiere haben. Die Verantwortlichen der FIS denken schon seit einiger Zeit darüber nach, wie Wettkämpfe bei uns Nordischen Kombinierern attraktiver gemacht werden können. Einige Wettkampfformate wurden in unmittelbarer Vergangenheit ja bereits neu entwickelt. Nun gehen wir an ein wettkampfübergreifendes Event, wie es die Langläufer und die Skispringer ja schon seit Jahren kennen. In Seefeld, wo ich hinsichtlich der guten Rahmenbedingungen und der anspruchsvollen Streckenführung immer sehr gerne bin, werden wir nun die Event-Premiere feiern. Was macht das Nordic Combined Triple aus? Wir werden an drei Tagen drei Wettkämpfe haben. Start ist ein Sprintwettkampf mit einem Sprung und 5 km Langlauf, für dessen Wertung es jeweils die Hälfte der regulären Weltcuppunkte gibt. Rückstände aus diesem Wettkampf werden in den nächsten Wettkampf mitgenommen, wie bei einem Verfolgungsrennen der Biathleten. Teil 3 des Triples sieht einen Sprung und 10 km Laufen vor, wobei nur die besten 50 Athleten der Vortageswertung startberechtigt sein werden.

Auch an diesem Tag gibt es die Hälfte der regulären Weltcuppunkte. Die besten 30 werden dann am Sonntag beim großen Finale antreten, für das zwei Sprünge und 15 km Lauf vorgesehen sind, die Bepunktung dieses Wettkampfes liegt jeweils im doppelten Wert der regulären Punktetabelle.

Ich finde neue Ideen, die Spannung beim Zuschauer versprechen, immer gut. Für uns Athleten wird dieses Event eine besondere Herausforderung sein, da die Wettkampfform von Tag zu Tag anspruchsvoller und damit anstrengender wird. Dieses Szenario finde ich insbesondere nach unserem Saisonzwischentrainingslager in Italien interessant, von dem ich mich von Tag zu Tag mehr erhole, spritziger und damit wettkampfhärter werde – vor den olympischen Spielen ein guter Ernstfall-Test. Der Triple–Sieger wird am Ende ein „kleiner Held" sein, der sich über drei Tage harte Wettkämpfe den Lorbeerkranz aufsetzen kann.

Ich gehe gespannt und gut gelaunt in diese Wettkampfserie und nehme es als gutes Omen, dass ich mein persönliches Wettkampf-Triple in Seefeld bereits erreicht habe, dreimal konnte ich hier bereits einen Weltcup für mich entscheiden.

Es herrschen gute Schneebedingungen, die Arena ist frei, die Athleten haben jetzt das Wort!

ALLES FLIEẞT

Alle Wettkämpfe vor den olympischen Spielen sind bestritten. In Oberstdorf gab es nochmals zwei Siege, die Führung im Gesamtweltcup konnte ausgebaut werden. Was will man mehr? Das Springen ging mir gut von der Hand und die Beine haben auch mit Leichtigkeit funktioniert. An den Anstiegen konnte ich immer die entscheidenden Angriffe gegen die Konkurrenten setzen. Ansonsten bin ich entspannt und genieße die Erfolge.

Nach Oberstdorf sind wir wieder nach Hause gefahren, in Oberwiesenthal werden wir die nächsten drei Tage leichtes Training machen und regenerieren. Dann geht es wieder nach Oberstdorf, um einige Tage Sprungtraining zu absolvieren, an Kleinigkeiten feilen und Sochi simulieren.
Ja, Sie lesen richtig – Sochi simulieren. Die Schanze in Oberstdorf ähnelt der in Sochi stark, was Neigungswinkel und Länge anbelangt, so dass es Sinn macht, hier für den Ernstfall zu proben. Nach diesem Sprunglehrgang wird es nochmals nach Hause gehen, wieder leichtes Training, wieder Regeneration, im Kreis der Familie Stunden jenseits des Sports verbringen und dann, ja dann geht es nach Sochi.
Man kann es kann glauben: die nächsten Wettkämpfe werden unter olympischem Feuer sein. Worauf man vier Jahre gewartet hat, steht jetzt unmittelbar bevor. Man hat ein Gefühl, wie Kleinkinder es vor Weihnachten haben. Die Zeit bis zur Abreise werden wir nutzen, mit einem Wechsel aus konzentriertem Arbeiten und regenerativen Elementen. So wie es schon die ganze Saison war und so, wie es sich die ganze Zeit über auch bewährt hat. Einige Pressetermine sind noch zu absolvieren, aber telefonisch, nicht mehr persönlich, kein Kilometer wird jetzt zuviel gereist.
An anderer Stelle laufen die familiären, olympischen Vorbereitungen auch schon auf Hochtouren. Laura und Philipp freuen sich schon darauf, mich nach Russland zu begleiten, um mir an den Wettkampfstätten die Daumen zu drücken.

Weltcup 2014. Heimspiel in Oberstdorf

In der Vergangenheit hat mir das immer Glück gebracht. Es wird eine größere Reisegruppe aus Geyer nach Sochi reisen, der auch noch meine Eltern und meine zukünftigen Schwiegereltern angehören werden. Die Einreiseformalitäten und die Einholung der Visa haben reibungslos geklappt.

In Gedanken sind wir alle schon ein wenig am Kofferpacken. Jetzt freue ich mich darauf, wieder zu Hause zu sein, locker zu werden, auszuspannen – alles fließt!

GEDANKENFREIHEIT

Das letzte Sprungtraining vor den Olympischen Spielen liegt hinter Eric. Die Mannschaft war noch einige Tage auf der Schanze in Oberstdorf und hat an vielen Kleinigkeiten beim Springen gearbeitet. Die Schanzen in Oberstdorf und Sochi weisen eine große Ähnlichkeit auf, so dass ein Trainingslager im Allgäu sehr viel Sinn machte.

Meiner Meinung nach passte bei Eric schon vorher alles beim Springen, aber nicht zuletzt für den Kopf ist es gut zu wissen, dass man an allem noch mal gearbeitet hat.

Das Springen ist die entscheidende Grundlage für den Kombinationswettbewerb und die Grundlage für das Springen ist vor allem der Kopf. Macht man sich zu sehr Gedanken vor dem Springen oder gar unmittelbar vor dem Absprung, gibt man einen Teil der Fokussierung schon auf, die man aber unbedingt für einen guten Sprung braucht. Man muss sozusagen am besten eine besondere Art von „Gedankenfreiheit" aufweisen, nämlich frei sein von belastenden und negativen Gedanken. Der Automatismus ist beim Springen das Entscheidende.

Für Eric war das letzte Trainingscamp hierfür sehr gut, er weiß, dass alles bei ihm optimiert ist und das Material, bestehend aus Skiern und Sprunganzug, auf ihn exakt abgestimmt ist. Der Normalfall bei den Spielen wird ein guter Sprung sein, der dann den Fingerzeig für die Loipe gibt. Ein gutes Springen gibt entscheidende Sekunden Vorsprung in der Loipe und das wirkt sich auch mental stark aus. An der Startlinie erkennt man manchmal an der Körpersprache den Sieger – Spiegel der Gedanken und des Selbstbewusstseins!

Ansonsten sind Erics Gedanken bei den Reisevorbereitungen, wie vor jeder großen Reise auch.

Was muss unbedingt mit an persönlichen Sachen und an Equipment für die Wettkämpfe – kleine Checklisten dominieren hier den Alltag, auch den der Familie, die Eric ja begleiten wird. Die „Begleitmusik" zu den Spielen vernimmt er wohl und macht sich auch hierzu Gedanken. Ein Thema, auf das er in den letzten Tagen viel von Journalisten angesprochen wurde, ist die Nachnutzung der olympischen Anlagen in der Zukunft. Seine Gedanken gingen dann oft nach Vancouver – einem Ort, der nach Olympia jenseits der Weltcupterminkalender gelegen hat. Ein Umdenken in der praktischen Handhabung ist seiner Meinung allemal notwendig. Eric wäre gerne nach Vancouver zu Wettkämpfen zurückgekehrt und er wird auch nach Sochi gerne zurückkehren wollen. Andere olympische Konzepte sind wohl notwendig, die Nachhaltigkeit in der Nutzung verheißen oder die an Standorten mit bereits vorhandenen Infrastrukturen durchgeführt werden.

Der richtige Hinweis, dass man in erster Linie Sportler und kein Sportpolitiker ist, verwehrt einem ja nicht, Gedanken zu den Themen zu haben.

Silke Frenzel (Mutter)

ANFLUG AUF SOCHI

Am Samstag geht es also los – Eric wird von Frankfurt nach Sochi fliegen. Gemeinsam mit vielen deutschen Olympioniken anderer Sportarten auch. Es ist schon ein faszinierender Gedanke, dass aus fast allen Ländern die Athleten jetzt aufbrechen, um sich in Sochi zu treffen, um sich miteinander sportlich zu messen.

Die letzten Tage waren dem Training mit den Heimtrainern in Oberwiesenthal vorbehalten – auch das eine Kuriosität: die Heimtrainer, die Eric über Jahre hinweg betreut haben, die ihn in allen Phasen seiner sportlichen Entwicklung begleitet haben, die ihn zu dem gemacht haben, was er als Athlet darstellt, sie bleiben daheim. Sie müssen ihm vor den Fernsehgeräten die Daumen drücken, ein wenig schlucken muss man da schon. Ein Trost, dass diese Heimtrainer sehr genau wissen, dass Eric dankbar ist für alles, was diese Menschen für ihn geleistet haben und sollte es in Sochi eine Medaille für Eric geben, weiß er, wem diese zu widmen ist.

Die Nordischen Kombinierer werden nicht im Olympischen Dorf untergebracht sein, sondern in Krasnaja Poljana, einer kleine Ortschaft in den Bergen, die in drei bis vier Kilometern Entfernung zur Wettkampfschanze liegt. Das gefällt Eric sehr gut.

Zum einen hat man nicht einen täglichen Reisestress zu den Anlagen, zum anderen entgeht er dort oben der Hektik und dem Getümmel, er hat mehr Ruhe, sich auf die Dinge zu konzentrieren.

Am 9. Februar wird das erste offizielle Training auf der Normalschanze stattfinden, ebenso an den beiden folgenden Tagen. Eric wird sich dann akklimatisieren, sich mit dem Wettkampfort vertraut machen. Dazu wird immer wieder leichtes Lauftraining auf Ski dazukommen, aber auch anstrengende Intervalle, um den Körper auf den Wettkampf vorzubereiten. Parallel wird es im Verbund mit den Technikern immer wieder Skitests geben. Man probt jetzt vor Ort den Ernstfall, was die Schneebeschaffenheit und die Wachssorten anbelangt.

Bei Eric ist alles irgendwie business as usual – er hält sich fern von den Medaillenprognosen, die in den Medien nachzulesen sind, er macht den Sport, beschäftigt sich mit dem Wettkampf als solchen, genießt nach dem Training die Familie.

Das Schöne ist, dass es tatsächlich so ist und das wiederum lässt sich von außen gut anschauen. Ich wünsche ihm jetzt erstmal einen guten Flug an die olympischen Stätten.

Silke Frenzel (Mutter)

Ankunft am Flughafen von Sochi 2014 zu den Olympischen Spielen

JETZT GILT ES

Eric hat sich in Sochi gut eingelebt. Die Anreise verlief ohne Probleme, ebenso wie die Transfers zu den olympischen Anlagen. Das erste Highlight war natürlich die stimmungsvolle Eröffnungsfeier mit den Athleten anderer Sportarten, wo das Bewusstsein der Sportler, besondere Wettkämpfe vor sich zu haben, am ausgeprägtesten ist. Von den Unterkünften, hoch in den Bergen, ist Eric begeistert. Nicht nur dass sie eben ab vom olympischen Trubel liegen, sondern auch die Ausstattung und Funktionalität der Unterkünfte haben ihn überzeugt. Die ersten Trainingseinheiten auf den olympischen Anlagen liegen auch hinter ihm – alles, aber auch alles verlief einwandfrei.

Als Person in seiner unmittelbaren Nähe kann ich nur sagen, dass ich mich immer wieder wundere, wie ruhig und konzentriert, aber auch wie selbstbewusst er sich präsentiert. Er genießt selbst die unmittelbare Phase vor den entscheidenden Tagen: vier Jahre warten auf einen oder mehrere Tage mit Wettkämpfen.

Ich glaube, dass Eric mental sehr stark in die Wettkämpfe geht, auch mit dem Bewusstsein, dass es auch mal nicht reichen kann, insbesondere durch Faktoren, auf die er definitiv keinen Einfluss haben kann, wie zum Beispiel die Windverhältnisse bei seinem eigenen Sprung. Er wird sein Bestes geben und das wird viel sein. Er sagt auch immer, dass Bemühen, alles versucht zu haben, sei das Wichtigste, um mit sich selbst im Reinen zu sein.

Ja, für mich als Mutter ist das natürlich alles wahnsinnig aufregend. Der Tisch ist angerichtet, die Gäste da, alles ist vorbereitet – jetzt muss man schauen, ob es allen schmeckt! Ein wenig vergleichbar ist die Situation schon, nur das hier längere Vorbereitungen im Spiel waren.

Ich wünsche mir einen von den Bedingungen her fairen Wettkampf und dass der stärkste Nordische Kombinierer zum Schluss auch oben steht.

Silke Frenzel (Mutter)

Es ist vollbracht – Olympiasieg in Sochi

EIN TRAUM WIRD WAHR

Auf der Ziellinie und bei der Flower-Zeremonie laufen mir tausend Bilder durch den Kopf: Erics erste Schritte auf Skiern, unzählige Fahrten zum Training, das Mitfiebern bei Jugendwettkämpfen, Gespräche mit den Trainern, das Internat in Oberwiesenthal, die nicht leichte Zeit, als Eric früh Vater wurde, die Anfänge im Nationalkader, der erste Weltcup-Einsatz, der erste Weltcup-Sieg, der erste Weltmeistertitel, Gesamtweltcupsieg und jetzt:

Olympiasieger

Ich finde kaum Worte, um das auszudrücken, was ich jetzt fühle, wenn man sieht, dass sich der eigene Sohn die Krone des Sports aufsetzt. Wie gesagt, es laufen tausend Bilder durch den Kopf, aber auch ein großes Gefühl von Dankbarkeit. Dankbarkeit gegenüber den Menschen, die Erics Karriere mit begleitet haben: Schullehrer, die Verständnis für den Sport hatten, Jugendtrainer, die ihn Skilanglauf und Skispringen gelehrt haben, die Heimtrainer, besondere Frank Erlbeck, die ihn akribisch auf diesen Tag seines größten Triumphes vorbereitet haben, Nachbarn und Freunde, Einwohner der Heimatstadt und des Erzgebirgskreises, die ihn mit netten Worten immer wieder motiviert haben. Ja, alle haben ihren Anteil daran. Wir wissen das und wir wissen das auch im Namen von Eric sehr zu schätzen.

Erstaunlich, wie Eric diese Favoritenbürde getragen hat. Es war für mich der spannendste Wettkampf, den ich je gesehen habe. Der letzte und weiteste Sprung der Konkurrenz, der nicht allzu große Vorsprung in der Loipe, die kluge Arbeitsteilung mit dem Silbermedaillengewinner Akito Watabe, der letzte Anstieg, an dem es für Sekunden so aussah, als ob Watabe der Stärkere sein könnte, die letzte Abfahrt und dann der kurze Antritt von Eric und das sich Lösen vom Gegner kurz vor dem Ziel – ein Traum wurde wahr!

Eric ist Olympiasieger!   Silke Frenzel (Mutter)

RÜCKKEHR AUS SOCHI

Wir stehen auf der Startbahn.

Es stellt sich ein wohliges Gefühl ein. Ich kehre zurück nach Hause und habe mir meinen Traum erfüllt – den Olympiasieg im Einzel. Alles hat gepasst an diesem einen Tag, vier Jahre hatte ich mich darauf vorbereitet. Wenn man als Favorit anreist und stürzt, stürzt man immer tief, oft machen die Nerven einem einen Strich durch die Rechnung. Ich konnte das gut ausblenden; neben der Nervosität des Favoriten gibt es auch die Selbstsicherheit des Favoriten und die war mein Begleiter vor und während der olympischen Spiele.

Wir rollen an zum Take-off.

Halb senkrecht stehen wir in der Luft. Diese Beschleunigung und das Abheben setzt bei mir immer Glücksgefühle frei – abheben und frei sein. Jeder Schanzensprung gibt ein bisschen Glück. Wir fliegen zum Abschied eine lange Schleife über Sochi auf das Meer hinaus. Die Stadionanlagen und Wettkampfstätten werden immer kleiner. Was wird hier aus den Dingen werden? Wie wird sich diese Region jetzt entwickeln? Kann man all das, was hier errichtet worden ist, sinnvoll nachnutzen? Die olympische Flamme ist erloschen.

Wie schnell Medaillenträume erlöschen, hat man an vielen Stellen während der letzten Tage sehen können. Mal sind es Sekunden, mal sind es kleine Infekte, dann wieder Unachtsamkeiten, Stürze auf dem letzten Meter. Obwohl der Erfolg greifbar war, greift man zum Schluss ins Nichts.

Wir durchstoßen die Wolkendecke.

Ich bin froh, dass ich das alles erreichen konnte – diesen Olympiasieg kann mir keiner mehr nehmen, alle Mühen haben sich gelohnt, alle Rechnungen sind aufgegangen.

Gold und Silber sind im Gepäck, kleine Symbole, hinter denen eine lange Geschichte steht, meine Geschichte.

Wir fliegen in den deutschen Luftraum.

Der Sieg in Sochi wird mir weitere Motivation für das vor mir Liegende geben. Ich bin mental gut gerüstet für weitere Aufgaben in dem Sport, den ich über alles liebe. Nach Weltmeister-Titeln, Gesamtweltcup nun auch der Olympiasieg.

Ich habe meinen Weg auf den Schanzen und in den Loipen gefunden.

Abflug aus Sochi – Medaillen im Gepäck

LANDPARTIE NACH FALUN

Wir warten in München auf unsere Maschine, die gegen 13 Uhr Richtung Stockholm abfliegen soll. Ich hoffe, Flug LH 2416 hebt pünktlich ab. Zwei Stunden später werden wir auf dem Stockholmer Flughafen Arlanda nämlich von einem Bus erwartet. Mit vielen Sportlern anderer Nationalitäten geht es dann übers Land nach Falun, dem letzten Weltcuport dieses Winters und dem nächsten Austragungsort der Weltmeisterschaften des Nordischen Skisports. Ich bin gespannt auf die Anlagen, von denen wir uns nun selbst ein Bild machen können. Die Reise quer durch Schweden wird drei Stunden dauern.

Ich freue mich auf den Flug. Schweden aus der Luft vermittelt immer interessante Einblicke: ob es die Schärenlandschaft vor der Stockholmer Küste ist, ein Sammelsurium tausender kleiner Eilande oder die blau-grün-roten Schwedenhäuschen, die man aus den Filmen Astrid Lindgrens kennt – Bullerbü-Romantik aus der Luft zum Greifen nahe.

Leider haben wir keine Zeit zu einem Trip nach Stockholm. Ich werde mal vorschlagen, ob man dort nicht mal über einen städtischen Wettkampf nachdenken könnte, wie bei Langläufern und Biathleten – den wintersportbegeisterten Schweden wäre es zuzutrauen, dass sie eine mobile Schanze in die City bringen. Ich habe einen kleinen Handgepäckkoffer mitgenommen und zwar einen leeren, ja – für die große Kugel, die man bei der Endehrung als Gesamtweltcupsieger erhält. Dieser große Pokal ist ganz aus Glas und entsprechend fragil, deshalb werden das Objekt meiner Begierde und ich sozusagen zusammen zurückfliegen, sicher verpackt unter dem Passagiersitz. Der Schnee in Oberwiesenthal zum Trainieren ist so gut wie aufgebraucht, deshalb muss nun die Saison zu einem Ende kommen.

Im letzten Wettkampf werde ich natürlich alles geben, um mich mit einem guten Ergebnis vom Winter zu verabschieden.

DER KREIS HAT SICH GESCHLOSSEN

Gesamtweltcupsieg 2014 – Siegerehrung in Falun

Die Zukunft der Nordischen Kombination in Deutschland steht auf einer guten Grundlage und ich denke, dass wir unser großes Potential in den nächsten Jahren ausschöpfen werden. Auch die Stimmung in der Mannschaft ist so, wie sie besser einfach nicht sein könnte – es passt alles.

Ich bin nun zu Hause angekommen, die Gold- und Silbermedaillen von Sochi und die große Glaskugel liegen und stehen in der Vitrine – Belohnung für eine harte Vorbereitung und eine großartige Saison. Ich bin sehr zufrieden und danke allen, die an diesen Erfolgen ihren Anteil haben: Familienmitglieder, Heimtrainer, Skitechniker insbesondere.

Die wichtigste Erkenntnis der Saison neben den Erfolgen war das Gefühl, dass es mir sehr gut getan hat, nach den Weltcupwochenenden in der Heimat zu sein und trainieren zu können. Man ist auf den heimischen Trainingsarealen unbehelligt, steht nicht im Rampenlicht, wird durch nichts abgelenkt – und auch Familie im Winter erleben zu dürfen, war gut für die Seele. Bei den Abreisen zum Wettkampf hat sich dann auch immer wieder die Anspannung und die Motivation aufgebaut, die ein Spitzensportler für den Wettkampf braucht. Wie wäre es gewesen, wenn wir wochenlang getourt wären? Vielleicht hätte ein Lagerkoller vieles zunichte gemacht, was jetzt als gut gelungen betrachtet werden kann.

Der letzte Wettkampf, ein Teamwettbewerb, ist im wahrsten Wortsinne vom Winde verweht worden. Falun hat sich am Schlusstag des Weltcups nicht von seiner besten Seite gezeigt.
Im Ergebnis hat uns das nun den Sieg in der sogenannten Nationenwertung eingebracht, eine Wertung, die alle Teamwettbewerbe der Saison aufaddiert. Unsere Mannschaft hat in der olympischen Saison eine starke Gesamtleistung gezeigt, was sowohl die Einzelergebnisse in der Gesamtweltcupwertung als auch die Mannschaftsentscheidungen, insbesondere die Silbermedaille bei den Winterspielen, zeigen.

Ich bin oben in Oberwiesenthal, mein Blick schweift über die Trainingsloipen, das Gras sticht hervor, der Schnee beugt sich dem Frühling. Wir werden jetzt mit der Familie Urlaubspläne schmieden. Danach werde ich hier oben wieder anfangen, für die nächste Saison zu trainieren, mit leichtem Lauftraining.

Tiefes Durchatmen – der Kreis hat sich geschlossen.

SKISPITZEN
Eric Frenzel

WELTCUPSAISON 2014/2015

UNTER KOLLEGEN

Der Weihnachtsmann steuert geradewegs auf mich zu, ruft dreimal sein „Hohoho", klopft mir auf die Schulter und begrüßt mich herzlich; er spricht finnisch und gibt mir zu verstehen, dass er hier das ganze Jahr anzutreffen ist und sich über meinen Besuch sehr freut. Die deutsche Nationalmannschaft der Nordischen Kombinierer verbringt die letzten Tage der Weltcupvorbereitung in Rovaniemi, der finnischen Stadt am Polarkreis, aus der der Legende nach der Weihnachtsmann stammt. Ich habe nach den letzten Trainingstagen bei sehr guten Schneebedingungen einen kleinen Abstecher in das Santa Claus Village gemacht, das ein paar Kilometer nördlich der Stadt liegt. Hier dreht sich alles um den Weihnachtsmann und dies zieht nicht nur Kinder in den Bann. Der Weihnachtsmann erklärt sich kurzerhand zu meinem Fremdenführer, meint, dass wir beide Kollegen sind, weil wir auf Kufen und Skier unterwegs sind, und präsentiert mir stolz sein Arbeitsgerät – seinen Weihnachtsschlitten. Ein wenig neidisch sei ich schon, sage ich ihm, mit so einem Gerät hätte man in der Loipe wohl Vorteile. Danach geht es zum weihnachtlichen Postamt, an das tatsächlich Kinder aus aller Welt schreiben und ihre Weihnachtswünsche formulieren. Die Berge Weihnachtspost überragen meine Stapel Autogrammpost zu Hause um ein Vielfaches und in diesem Moment bin ich im Ergebnis doch ganz froh, kein Weihnachtsmann zu sein, sondern Kombinierer.

Ich trage bei dem Weltcupopening in Kuusamo daher auch nicht einen roten Mantel, sondern dankenswerter Weise ein gelbes Leibchen, mit dem angezeigt wird, dass ich der letztjährige Gesamtweltcupsieger bin. Der Gesamtweltcup ist in dieser Saison ohne Weltmeisterschaft oder Olympische Spiele das bestimmende Thema. Während es bei den Nationen im Hinblick auf Großereignisse im Weltcupgeschehen selbst immer mal wieder taktische Spiele gibt, die zur Auslassung von Wettbewerben führen, wird von Anfang bis Ende der Saison nur die große Kristallkugel ins Visier genommen.

Die Saison wird sehr spannend werden, weil sich im deutschen Team, aber auch bei den Skandinaviern und Asiaten starke Kollegen entwickelt haben, die alle den sportlichen Ehrgeiz haben, ganz oben zu stehen. Es wird sehr schwer werden, meinen vierten Gesamtweltcupsieg in Folge zu feiern, nie war die Leistungsdichte international und national so ausgeprägt wie zu dieser Saison. Zu keinem Zeitpunkt in diesem Winter entscheidet über den Lorbeerkranz die Form eines Tages, sondern die Form einer ganzen Saison.

Meine Kollegen und ich – wir freuen uns darauf!

DIE DETEKTIVE WAREN ERFOLGREICH

Was für ein Wochenende liegt hinter uns! Zwei deutsche Weltcupsiege, Doppelführung im Gesamtweltcup und das nach packenden Rennen und tollen Zielsprints. Zufrieden ist das deutsche Team aus Lillehammer abgereist, mit dem Bus durch das verschneite Land nach Oslo, später im Flugzeug, Landung in Berlin, Heimreise im Auto. Die Standortbestimmung durch das erste Weltcupwochenende mit zwei Einzelwettkämpfen stimmt zuversichtlich. Sprung – und Laufform sind gegeben, um vorne mithalten zu können. Ein Sieg und ein fünfter Platz nach Zielsprint sind mehr als ich persönlich auf der Rechnung hatte, da die Saison noch jung ist und meine Trainingsplanung auf den Saisonhöhepunkt im Februar mit der Weltmeisterschaft in Falun ausgelegt ist.

Vor den Wettkämpfen in Norwegen lag für die Techniker und mich ein gutes Stück Detektivarbeit. Beim Saisonstart in Kuusamo erzielte ich beim Springen nicht mehr die gewünschten Weiten, sowohl im Wettkampf als auch bei den Trainingssprüngen. Mein Sprungsystem – die Abstimmung von Anfahrt, Abdruck vom Schanzentisch und Flug – war aus der Balance. Es herrschte Ratlosigkeit und ich war entsprechend nervös – ohne gute Sprünge kann man keine ordentlichen Gesamtwettkämpfe leisten.

Im Laufe der Jahre entwickelt man mit den Technikern eine Übung in der Diagnostik, wenn es um derartige Fehlerquellen geht. Man kann zwar nicht so eindeutig von außen bestimmen, woran es im Einzelfall liegt, doch haben wir unsere Prüfschritte, mit denen wir an bestimmten Punkten im Sprungsystem Veränderungen durchführen und die Wirkungen messen. Fern von den praktischen Trainingseinheiten machen wir uns dann Gedanken über physikalische Hebel und Luftwiderstände, über Reibung und Werkstoffe.

Fabian Rießle und Eric Frenzel beim Weltcup 2014 in Lillehammer

Nach intensiver Arbeit zwischen den Weltcups waren wir fündig geworden: die Bindungseinstellung wurde korrigiert und das ließ sofort wieder die gewünschten Weiten zu. Die Grundlage für den ersten Weltcupsieg in dieser Saison war gegeben. Allerdings kostete dieser Wettkampf, bei dem ich lange allein vor dem Feld herlief, viel Kraft, so dass ich am Folgetag im Zielsprint nicht mehr die letzten Körner hatte, um den zweiten Sieg einzufahren. Noch wichtiger als die Weltcuppunkte, ist das Bewusstsein, dass das Sprungsystem wieder stabilisiert ist.

Zehn Tage Heimtraining liegen nun vor mir, um diesbezüglich weitere Sicherheit zu bekommen, bevor wir dann nach Ramsau zum nächsten Wettkampf fahren.

VOM BACKEN ZUM BAKKEN

Die Assoziationen hinsichtlich des Begriffs „Backen" richten sich auch in der Vorweihnachtszeit bei uns Kombinierern ausschließlich auf die Skisprungschanze, die im Volksmund ja auch „Bakken" genannt wird, wenn auch anders geschrieben. Im Moment arbeiten wir in der wettkampffreien Zeit sehr hart an Kleinigkeiten beim Sprungstil und gehen so 5-10 mal pro Trainingsintervall über den Bakken. Die große Kunst beim Skispringen ist die Automatisierung der Vorgänge, im Wettkampf selbst sollten alle Abläufe ohne große Gedanken abgespult werden, dann kommen auch gute Sprünge heraus, vorausgesetzt, man hat im Training sein Sprungsystem, das Zusammenspiel von Körper und Material, perfekt abgestimmt. Laufeinheiten auf Schnee und Krafteinheiten an den Geräten runden die Vorbereitung auf den nächsten Weltcup in Ramsau am Dachstein ab. Die Trainingsphase absolviere ich in Oberwiesenthal, wo immer eine relative Schneesicherheit gegeben ist.

Nach dem Training fahre ich dann zurück nach Flossenbürg zur Familie, wo auch mal ein anderes Backen auf der Tagesordnung steht: „Nein, Papa!" ereifert sich mein Sohn Philipp. „Du sollst keine Schneemänner ausstechen, sondern Skispringer!" Ich sitze am Küchentisch vor dem ausgerollten Teig und hatte die Verabredung mit meinem Sohn, Skispringerplätzchen auszuprobieren, vergessen.

Vielmehr bemühte ich mich mehr um die Erfüllung traditioneller Vorgaben, wie Engelchen und Weihnachtsmänner. Also gut, dieses Jahr werden wir die Skispringer-Plätzchen backen.

Das, was man selbst den ganzen Vormittag auf der Schanze gemacht hat, von außen zu betrachten und es sogar in Plätzchenform zu geben, ist doch gar nicht so leicht. Prompt kommt auch schon wieder die Kritik: „Papa, wenn du so springst, würdest du aber nicht weit kommen." Philipp spielt den Wertungsrichter und gibt mir die schlechtesten Haltungsnoten, die denkbar sind angesichts der X-Bein-Stellung bei meinem so eben produzierten Skispringerkeks. Auch hier macht wohl Training den wahren Meister. Nach ein paar Versuchen habe ich auch in der Backstube die zielführende Automatisierung entwickelt, die selbst meinen Sohn schließlich zufriedenstellt.

Als die Grundform perfekt sitzt, wagen wir uns sogar an farbige Startnummern aus Zuckerguss heran – die ganze Familie hat einen Riesenspaß. Bis in den späten Abend hinein werden die Bleche in den Ofen geschoben.

Kurz vor Mitternacht, nach einem kombinierten Trainings- und Familientag, gehe ich ermüdet vom ganzen „Backen" ins Bett.

NERVENPROBEN

Nach Ramsau zum Weltcup anzureisen, ist immer wie nach Hause zu kommen. Hier im österreichischen Dachsteingebirge kommen wir Deutschen oft zum Trainingslager: Höhenskitraining auf dem Gletscher. Wir kennen hier viele Einheimische aus den Dörfern und es geht immer sehr familiär zu, die Atmosphäre ist entspannt. Die Schneeverhältnisse sind auch immer sehr gut, da die Wettkampfanlage in ordentlicher Höhe liegt. Diesmal lagen die Dinge aber anders.

In Oberwiesenthal abgefahren, bekamen wir jenseits der Autobahnen nur grüne Felder zu Gesicht. Zwölf Grad Temperatur und ein leicht warmer Wind waren unsere Begleiter bis Salzburg. Wer auf Schnee wenigstens am Dachstein hoffte, wurde schnell enttäuscht. Dieses Jahr bot die Anlage ein nie gesehenes Bild. Eine notdürftig präparierte, sehr schmale 1,2 km lange Loipe mit wenigen Anstiegen war die Antwort der Ramsauer auf den Winter ohne Schnee.

Erfahrene Wettkämpfer wissen sofort, was damit verbunden ist. Eine schmale Loipe bietet oft nicht die besten Möglichkeiten für Überholmanöver. Insbesondere bei einem Zielsprint kann es sehr schnell zu Hakeleien kommen, wenn man nicht gar von anderen Mitstreitern schlicht „gesperrt" wird. Eine anstiegslose Strecke bietet für Angriffe kaum Möglichkeit. Auf einer solchen Strecke große Zeitvorsprünge auf den Gegner herauszulaufen, ist nicht gut vorstellbar.

Einmal mehr liegt bei solchen Wettkämpfen dann die volle Konzentration auf dem Springen. 15 bis 20 Sekunden sind dann für den Ausgang eines ganzen Weltcuprennens entscheidend.

Gelingt der Sprung und startet man entsprechend mit Vorsprung in die Loipe, ist es für die Gegner sehr

Schlussspurt in Ramsau beim Weltcup 2014

schwer, diesen Vorsprung auf einer solchen Strecke auszugleichen. Misslingt einem der Sprung, dann wird es für einen selbst sehr, sehr schwer. Allen ist diese Situation bewusst, umso mehr Anspannung liegt auf dem Athleten beim Ansitzen zum Sprung.

Springt ein ganzer Pulk ähnliche Weiten und geht dann eine große Gruppe gemeinsam ins Rennen, haben wir auf Grund der engen Loipenführung echten Stress. Oft kommt man an den Vorderleuten nicht vorbei, man steht sich gegenseitig auf den Skiern. Wer nicht aufpasst, riskiert einen Sturz, mit dem er in der Regel die Hoffnung auf einen der vorderen Plätze begraben kann.

Nordische Kombination ohne gute Schneebedingungen gerät zur Nervenprobe!

NACH-WETTKAMPF-STRESS

Alljährlich werden von den deutschen Journalisten die Sportler des Jahres gewählt, die dann in einer Gala in Baden-Baden am Abend via TV präsentiert werden. Was den Fernsehzuschauern in vorweihnachtlicher Stimmung einen sehr entspannten Eindruck macht, ist für uns Wintersportler jedes Jahr aufs Neue ein organisatorischer Spagat, haben wir doch am Ausstrahlungstag dieser Live-Sendung regelmäßig irgendwo in Europa einen Wettkampf. Auch diesmal stand das letzte Weltcuprennen in Ramsau am Dachstein taggleich mit der Sportlerwahl-Gala an.

Mein Zieleinlauf am Dachstein war als Vierter des Rennens um 16.15 Uhr. Mit diesem Zieleinlauf begann mein zweites Rennen am Tag gegen die Zeit und für eine rechtzeitige Ankunft in Baden-Baden. Ich zog mich auf dem Wettkampfgelände schnell um, um dann mit einem Shuttle-Bus ins Teamhotel gefahren zu werden. Ein hastiges Duschen auf dem Hotelzimmer, das Verladen der Taschen – all dies in knapp 20 Minuten. Ein Taxi stand dann zur Fahrt zum Salzburger Flughafen bereit.

Punkt 18 Uhr hatten wir Take-off mit einem Privatjet, in dem ich mit dem Skispringer Andreas Wellinger und meiner Frau saß. Eine Stunde später schwebten wir über die Schwarzwaldhügel auf dem Regional-Flughafen der Kurstadt ein. Mit Shuttle und Polizeieskorte wurden wir dann zum Baden-Badener Kurhaus gefahren. 19.25 Uhr Umziehen und Maske.

Gegen 20 Uhr saß ich dann pünktlich an meinem Tisch und die Gala begann mit einem Essen und netten Tischgesprächen.
Zwei Stunden später begann die Fernsehsendung live aus dem Kurhaus. Bei der Kategorie Männer konnte dann der Diskuswerfer Robert Harting mit seinem Europameistertitel den Sieg erringen, zu dem ich herzlich gratulierte. Ich selbst war sehr glücklich, nach Olympia- und Gesamtweltcup-Sieg sowie der Wahl zum „Champion des Jahres" durch die Sportler Deutschlands nun auch bei der Journalistenwahl einen tollen zweiten Platz erreicht zu haben.

Am nächsten Morgen fuhren Laura und ich nach einem Frühstück ruhig und entspannt nach Hause, in freudiger Erwartung ruhiger und besinnlicher Weihnachtsfeiertage in der Familie.

Abendgala „Sportler des Jahres" 2014 in Baden-Baden mit Skispringerin Carina Vogt und Rodler Felix Loch

ORGANISATIONSCHAOS UND EIN STARTVERZICHT

Das Wochenende in Frankreich stand mit Hinblick auf das Wetter unter keinem guten Stern, mussten wir in den französischen Alpen doch sehr mit den Ausläufern beider Sturmtiefs kämpfen, die ganz Westeuropa fest im Griff hatten. Der Wind war sehr böig und das Springen am Freitag und am Samstag nicht immer ganz leicht. Von den Fans und Zuschauern an den Fernsehgeräten zu Hause wurde es entsprechend eingeordnet, dass am Sonntag das Springen für einen Einzelwettkampf nicht stattfinden konnte. Die Wahrheit liegt aber anders und ich denke, dass wir Athleten dies auch mal ruhig sagen dürfen.

Die schlechte Organisation der französischen Wettkampfleitung zog sich an diesem Wochenende durch wie ein roter Faden und verursachte damit eine Art Kettenreaktion, an deren Ende das ausgefallene Springen am Sonntag und mein Startverzicht standen.

Was war passiert?

Am Freitag absolvierten wir unsere Trainings und den Pocket Jump (PCR), einen Trainingssprung, der gewertet wird, falls ein Springen am Wettkampftag nicht denkbar ist. Der Pocket Jump ist ein von allen Athleten respektiertes Instrument, das uns in der Vergangenheit schon oft geholfen hat, einen Wettkampf auch bei schlechten Wetterbedingungen stattfinden zu lassen, infolge derer ein Springen am Weltcuptag nicht stattfinden kann.

Das Dilemma nahm seinen Lauf an dem besagten Freitag mit den Pocket Jumps, die teilweise unter unfairen Bedingungen durchgeführt wurden, da die Veranstalter es nicht schafften, für alle Athleten gleiche Bedingungen hinsichtlich der Anlaufspur zu schaffen. Betroffen waren vor allem japanische und deutsche Athleten, bei denen die Spur nicht richtig freigemacht wurde von Neuschnee und dies zu verringerten Anlaufgeschwindigkeiten führte. Auch ich war betroffen und der Pocket Jump misslang gründlich, was mir zu diesem Zeitpunkt noch kein Kopfzerbrechen verursachte.

Am Sonntag, an dem auf dem Wettkampfkalender ein Team-Wettkampf stand, verdichteten sich dann die organisatorischen Mängel. Eigentlich hatten wir für ein Springen am Sonntag die besten Voraussetzungen des Wochenendes, wenn der Veranstalter zwei Stunden früher an der Schanze gewesen wäre, um sie von nächtlichem Schneefall zu befreien. Dies war unverständlicher Weise unterblieben, was bei der FIS-Besichtigung um 8 Uhr in der Frühe dazu führte, das Springen für nicht durchführbar zu erklären. Dies hatte fatale Folgen für mich.

Man entschied darauf, den Mannschaftswettkampf zu streichen und einen Einzelwettkampf stattfinden zu lassen, für den man ja kein Springen benötigte, weil nach dem Reglement auf den Pocket Jump zurückgegriffen werden konnte.

In meinem Fall auf den Pocket Jump, den ich ebenso als Folge organisatorischer Mängel nicht unter ordentlichen Bedingungen durchführen konnte.

Nach kurzer Beratung mit dem Trainerstab habe ich dann entschieden, nicht an den Start zu gehen, da die Rückstände zu groß und mit Hinblick auf die Nutzen-Einsatz-Relation ein Start unsinnig gewesen wäre.

Wir Kombinierer betreiben eine Outdoor-Sportart, in der nicht immer alles exakt justiert werden kann und das Wetter ist dabei eine wesentliche Komponente. Aber diese Phrase taugt dann nicht als Argument, wenn es seitens der Organisation doch sehr leicht gewesen wäre, ordentliche Bedingungen für alle Starter zu schaffen – mit einer vernünftigen Anlaufspur beim Pocket Jump am Freitag und mit etwas früherem Aufstehen am Sonntag, um die Schanze von dem Neuschnee zu befreien.

In der Hoffnung darauf, dass sich solche Sachverhalte nicht wiederholen, schaue ich auf das nächste Weltcupwochenende.

VON DER SÄBELFEIER NACH SAPPORO

Eine schöne Tradition in Seefeld in unserem Team-Hotel „Zum Gourmet" ist der Umstand, dass nach einem deutschen Sieg von der Hotelbesitzerin mit dem Säbel eine Champagnerflasche in Übergröße geköpft wird. Die Wirtin stößt dann bei der „Säbelfeier" mit uns an und der Sieger erhält den abgeschlagenen Flaschenhals mit dem Korken. Nachdem ich letztes Jahr bei dem ersten Nordic Combined Triple alle drei Wettbewerbe für mich entscheiden konnte, hatte ich in den Pokalvitrinen aller Kombinierer die sicherlich eigenartigsten Trophäen.

Nach dem letzten Wochenende sind drei weitere Flaschenhälse dazugekommen. Symbole für eine Leistung, die man so nicht unbedingt erwarten durfte, da der Etappenwettkampf – drei mit der Wertung aufeinander aufbauende Wettkämpfe mit einem anspruchsvollen Streckenprofil – sicherlich die härteste aller Prüfungen in einem Wettkampfwinter für uns Kombinierer darstellt.

Bei unserer Leistungsdichte in der Weltspitze grenzt es an ein kleines Wunder, wenn man innerhalb von 72 Stunden dreimal als Sieger über die Linie gehen darf. Dass ich dieses Gefühl nach dem letzten Jahr auch diesmal haben durfte, macht mich unheimlich glücklich.

Seefeld war ein Traum, beflügelt von strahlendem Sonnenschein, besten Schneeverhältnissen, begleitet von meiner Frau Laura und meinem Sohn Philipp und den mitgereisten Fans aus Geyer und Flossenbürg. Mit Laura und Philipp bin ich dann mit dem Auto nach Hause gereist, neben den Flaschenhälsen auch das gelbe Trikot im Kofferraum – zwei Tage Regeneration im Kreis der Familie. Mittwoch saßen wir dann im Flieger nach Tokio, um den japanischen Weltcup am Wochenende zu absolvieren.

Gedanken, diesen Weltcup abzusagen, wurden im Team eifrig diskutiert. Gerade im Hinblick auf die WM-Vorbereitung wäre die Vermeidung von Reisestress ein echtes Argument gewesen. Auf der anderen Seite merke ich, wie die Dinge mir immer besser von der Hand gehen und sich die Leistungen auf der Schanze immer mehr stabilisieren.

Den Wettkampfrhythmus deshalb jetzt nicht zu unterbrechen, war zum Schluss ausschlaggebend für die Teilnahme. Sapporo ist wieder neu im Kalender der Kombinierer, seit dem ich das letzte Mal 2007 dort angetreten war.

Ich freue mich auf neue Schanzen, neue Loipen, neue Eindrücke von Land und Menschen.

IM LAND DES LÄCHELNS

Es gibt ja wohl eine große Irritation darüber, wo in Asien genau das „Land des Lächelns" zu verorten ist. Viele meinen, dass damit vorrangig Japan gemeint sei, aber auch Indonesien und Thailand nehmen dieses Attribut gerne für sich in Anspruch. Und die berühmte Operette von Franz Lehar mit dem Titel „Land des Lächelns" spielt sogar in China. Nach dem langen Flug von Frankfurt nach Sapporo über Tokio kommen die ersten Begegnungen mit den japanischen Menschen im Flughafen. Es herrscht tatsächlich eine andere Atmosphäre als bei uns zu Hause im öffentlichen Raum. Obwohl mehr Menschen aufeinander geballt zu sein scheinen, laufen die Dinge ruhiger, alle sind sehr freundlich und zuvorkommend und alle mit einem Lächeln. Wir machen uns mit den Fahrzeugen auf die letzte Etappe zum Hotel, wo wir ebenso lächelnd empfangen werden, von den Rezeptionistinnen genauso wie vom Service-Personal im Restaurant.

Man spürt, dass über den Menschen ein Ordnungsprinzip schwebt, in dem die Elemente „Ruhe" und „Freundlichkeit" vereint sind – beim Essen gibt es in der Tat erste Überraschungen. Außer Reis gibt es täglich Dinge, die ich noch nie gesehen, geschweige denn gegessen habe. Aber ich bin mutig und probiere alles, stelle mich langsam auf einen neuen Geschmackshorizont ein, worüber sich die japanische Bedienung regelrecht freut und lächelt...

Ich nehme alles mit großem Bewusstsein auf, nachdem ich 2007 bei meiner ersten Weltmeisterschaft schon einmal hier in Sapporo zu Besuch war. Damals war das große Erlebnis für mich die Weltmeisterschaft selbst, heute habe ich als reifer Athlet vor allem Land und Leute im Fokus. Das Wettkampfgelände ist perfekt vorbereitet und auch hier herrscht um das Training und die Wettkämpfe eine gute Organisation, die potentielle Hektik im Keim erstickt.

Sapporo, das Wintersport-Mekka im Land des Lächelns, verlasse ich mit zwei Weltcupsiegen

Vor dem ersten Wettkampf gehe ich an einer Gruppe kleiner japanischer Mädchen vorbei, die mich offensichtlich erkennen und freudig anlächeln. Immer wieder kommt mir der Gedanke, dass dieses Land mit seinen Wintersportorten der ideale Ort für olympischen Spiele sein müsse, es herrscht hier ein olympischer Spirit.

Ich fühle mich sehr wohl und der erste Wettkampf gelingt gut, die Schanze liegt mir und ich kann für die Loipe gut vorlegen. Das Ergebnis: ein Weltcupsieg. Beim zweiten Wettkampf gibt es zwar keine lächelnden Mädchen, die mich beim Eingang zum Wettkampfgelände erwarten, dafür begleiten mich aber den ganzen Tag freundliche Wettkampfrichter, lächelnde Streckeneinweiser und jubelnde Zuschauer – alles beflügelt und ich schaffe den nächsten Sieg. Mit Fähnchen winkende Japaner am Abfluggate, eine Verneigung der Flughafenhostess zum Abschied, die ich erwidere.

Über den Wolken auf dem Rückflug lasse ich diese 72 Stunden in Japan in meinen Gedanken Revue passieren, denke an den nächsten Wettkampf in Predazzo und das baldige WM-Trainingslager in Oberstdorf und schlafe ein, natürlich mit einem Lächeln...

TAUSENDMAL BERÜHRT...

Auf der Fahrt durch die Nacht nach Flossenbürg wundere ich mich noch immer über mich. Tausendfach vor Trainings-oder Wettkampfsprüngen sitzen die Handgriffe automatisch. Die Sprungski werden abgelegt. Man verbindet Ski und Schuhe und prüft den Sitz der Bindungen. Helm und Brille werden justiert. Der Brustreißverschluss sowie die Reißverschlüsse an den Ärmeln des Sprunganzugs werden geschlossen und dann geht es raus auf den Sitzbalken, wo man auf die Fahne des Trainers und damit das Zeichen zum Start wartet.

Trotz aller Automatisierungen und Routine ist mir auf dem Sprungturm von Predazzo dann das passiert, was nicht passieren darf und mir auch noch nie passiert ist. An meine Reißverschlüsse an den Ärmeln habe ich nicht gedacht und zog sie vor dem Sprung nicht mehr zu. Ein Regelverstoß, den man mit Disqualifikation ahnden kann und den man in diesem Fall seitens der Jury so geahndet hat.

Einen Biathleten, der auf falsche Scheiben schießt oder einen Langläufer, der in die falsche Loipe einfährt, habe ich in der Vergangenheit schon erlebt. Nun hat man in mir einen Kombinierer, der sich vor dem Sprung nicht richtig angezogen hat.

Die Disqualifikation war umso ärgerlicher, als ich mit meinem Sprung den Teilwettbewerb wohl für mich entschieden hätte und mit einem guten Vorsprung in die Loipe gestartet wäre. Die Chance, mit einem Tagessieg vorzeitig den Gesamtweltcup zu sichern, war zum Greifen nahe, wenn ich die entscheidenden, kleinen Handgriffe an den Ärmeln nicht vergessen hätte. Das Journalisteninteresse war dann so groß, wie bei einem Weltcup-Sieg: Hat man einen Vorteil beim Springen, wenn die Reißverschlüsse geöffnet bleiben? Hätte die Jury nicht nur eine Verwarnung aussprechen können oder sollen?

Einen Vorteil beim Springen gibt es durch geöffnete Reißverschlüsse an den Ärmeln nicht. Dies wäre bei geöffnetem Brustreißverschluss etwas anders, da hierdurch leicht Luft in den Anzug käme und der Springer ein zusätzliches Luftpolster realisieren würde, was ihm im Ergebnis ein paar Meter weiter fliegen ließe. Um allem Erfindungsreichtum von Technikern und Sportlern zuvorzukommen, hat man im Reglement pauschal getextet, dass beim Sprung alle Reißverschlüsse geschlossen sein müssen – ohne Wenn und Aber. Die Strafe der Disqualifikation ist zwar eine harte, aber mir in diesem Fall auch zugleich die liebste. Bei der Verteidigung meines Gesamtweltcupsieges möchte ich nur auf eindeutig regelkonformen Wegen zum Ziel kommen. Deshalb habe ich die Disqualifikation ohne weiteres innerlich annehmen können. Irgendwann auf der nächtlichen Fahrt schließe ich meinen Frieden mit der Angelegenheit. Nach so vielen guten Wettkämpfen in dieser Saison, passiert auch mal so etwas. Solche Fehler erden ungemein und sind Ansporn, noch genauer zu sein.

Ich komme zu Hause an, lösche alle Lichter und freue mich irgendwie, dass mein Schlafanzug nur Knöpfe hat.

Telemark in Val di Fiemme beim Weltcup 2015

SVERIGE ÄR FANTASTISK

Selten habe ich so viel Atmosphäre bei der Eröffnungsfeier einer Großveranstaltung erlebt, wie dies jetzt in Falun der Fall war. Stimmungsvoll war vor allem die musikalische Untermalung. Die Schweden sind ja bekannt für ihre Musikalität, an der man bei der Feier gut teilhaben konnte. Schwedische Folklore, schwedischer Rock und Opernklänge haben uns Athleten sehr berührt und für die nächsten Tage auch regelrecht beflügelt. Und wo hat man es noch, dass eine ganze Königsfamilie uns Sportlern die Aufwartung macht und die Wettkämpfe eröffnet. Ich wünsche mir, dass die deutsche Königin auf dem schwedischen Thron ein gutes Omen für das gesamte deutsche Team mit seinen 29 Sportlern sein möge.

Aber man spürt die Begeisterung für diese Weltmeisterschaft in Schweden überall und nicht nur bei der Eröffnung. Die Schweden sind eine begeisterte Wintersportnation, was man auf Schritt und Tritt spüren kann. Die Bedienungen im Hotel sehen eine genauso erwartungsvoll an, wie die Fähnchen winkenden Kinder vor unserer Unterkunft, die ein Autogramm erhaschen wollen. Hier in Schweden genießen wir die Aura von Pop-oder Fußballstars. Die Statistik spricht hierzu auch Bände. Mehr als 150.000 Karten sind bereits verkauft, bei den wichtigen Entscheidungen, bei denen es einheimische Favoriten gibt, erwartet man über 50.000 Zuschauer allein an den Strecken. Fernsehen und Radio berichten Non-Stop über die Wettkämpfe und deren Hintergründe. Eine ganze Nation befindet sich im Schanzen- und Loipenfieber. An zwölf Tagen, mit 701 Athleten aus 59 Ländern und bei 21 Entscheidungen wird eine ganz große Party im Schnee gefeiert und ich freue mich, Teil davon zu sein.

Es wird spannende Wettkämpfe geben und vielleicht die eine oder andere Kuriosität. Wird der Skispringer Kasai aus Japan mit 42 Jahren nochmal eine Medaille gewinnen können? Wird Margit Björgen oder Charlotte Kalla die Königin der Langlaufloipe werden?

Am Morgen nach der Eröffnungsfeier beiße ich in mein Brötchen mit Elchschinken und Salzbutter, den Blick auf tiefverschneite Wälder – Schweden ist fantastisch.

Falun 2015: Blick aus dem Hotelzimmer auf die Eröffnungsfeier

GOLD FÜR DEUTSCHLAND IM LOIPENSCHACH

Wir haben im ersten Wettbewerb durch Johannes Rydzek die erste Goldmedaille in Falun holen können. Herzlichen Glückwunsch an meinen Teamkameraden! Was war das für ein Tag – heftige Winde verhinderten einen pünktlichen Start von der Schanze. Unser Team vertrieb sich die Zeit mit Billardspielen in der Athleten-Lounge und mit Geschicklichkeitsspielen rund um den Mannschaftsfußball.

Die Stimmung war extrem entspannt. Dann die Nachricht von der Wettkampfleitung, dass wir gegen 13.45 Uhr springen und gegen 15.45 Uhr laufen werden – das ist nichts für jeden. Manche Sportler benötigen etwas mehr Zeit zwischen den Wettkämpfen, um sich mental auf die Loipe einstellen zu können. Unser Team nimmt es, wie es kommt. Mir gelingt ein Sprung auf knapp hundert Meter. Damit bin ich sehr zufrieden und gehe als Frontläufer ins Rennen.

Die Verfolgergruppe ist sich doch sehr einig und kann vor der Halbzeit des Rennens zu mir aufschließen. In unserer Gruppe befindet sich auch der Italiener Pittin, der für eine Art Loipenschach bekannt ist: permanente Tempowechsel, um auszureizen, wann der Gegner abgeschüttelt werden könnte.
Alle sind sehr konzentriert und jeder achtet auf den anderen. Ein eigener Ausreißversuch macht nur Sinn, wenn man eine echte Chance hat, sich auch von der Gruppe zu lösen. Von vorne zu laufen kann zu viel Kraft kosten, die man kurz vor dem Ziel bräuchte. In einer Kurve lasse ich der Gruppe etwas lange Leine, in diesem Moment zieht Pittin an, Johannes Rydzek schafft es dran zu bleiben. Ich merke, dass es bei mir eng werden könnte. Den Zielsprint sehe ich diesmal nur von hinten, aber ich sehe auch einen deutschen Sieg, über den ich mich sehr freue. Für mich wird es der vierte Platz. Von einer Holzmedaille möchte ich nicht sprechen. Vor dem Hintergrund, dass Falun die Hochburg des schwedischen Kupferabbaus war, sage ich jetzt einfach mal, dass ich heute Kupfer geholt habe. Auch dieser Platz ist Teil meiner Trophäensammlung.

Wir haben noch drei Wettkämpfe vor uns.
Ich werde angreifen!

Schlussakkord im WM-Einzel Normalschanze 2015

WIR SIND DIE GOLDEN BOYS!

Vielleicht war etwas Magie im Spiel, als wir gestern nach 28 Jahren uns anschickten, wieder einen Mannschaftsweltmeistertitel der Kombinierer nach Deutschland zu holen, denn der Vorsprung auf unsere ärgsten Widersacher aus Norwegen betrug nach dem Springen exakt 28 Sekunden. Dieser Vorsprung war die Grundlage für das spannendste Staffelrennen, das ich in meiner Karriere mitgelaufen bin.

Auf jeden Fall war ein unbändiger Team-Spirit im Spiel. Ob Johannes Rydzek im Supermann-Trikot unter dem Laufanzug antrat oder Fabian Riessle nach seinem guten Sprung die Luftgitarre spielte, zu jeder Zeit – vom Frühstück bis zur Siegerehrung – lagen gute Laune und Siegeswille in der Luft. Wir wollten den Titel.

Das zeigte sich auch in der Loipe von Anfang an, als Tino Edelmann, nachdem er von der Verfolgergruppe zunächst gestellt wurde, an einem Anstieg attackierte und uns vor dem Wechsel wichtige Sekunden herauslief. In der Loipe fühlte ich mich hinsichtlich der Bedingungen und des Materials besser als im Einzelwettkampf und konnte meinen Beitrag zum Ganzen leisten. Fabian hielt den Vorsprung mit einer konstanten Leistung und dann, ja dann ging es im letzten Fight mit hauchdünnem Vorsprung gegen den stärksten norwegischen Läufer Kraabak – doch Johannes konnte ihn in seiner Super-Form tatsächlich in Schach halten. Wir sind Weltmeister!

Vor der Siegerehrung gehen uns allen gemeinschaftlich, vor allem unserem Trainer Hermann Weinbuch, die Gedanken durch den Kopf: Olympia 2000 wurden wir auf der Schanze vom Winde verweht, auch 2013 bei der WM in Val di Fiemme waren wir durch schlechte Bedingungen benachteiligt, bei der WM 2011 in Oslo waren wir im Team zweimal in Foto-Finishs unterlegen und bei den olympischen Spielen in Sochi hatte es im Zielsprint gegen die Norweger nicht gereicht. Jetzt ist das alles Vergangenheit. Wir stehen auf dem Treppchen ganz oben. Die Nationalhymne erklingt, Schwarz-Rot-Gold wird hochgezogen. Überall leuchten Fackeln. Die Medaillen werden übergeben.

Im Hinblick auf die vielen Einzelerfolge der Kombinierer in den letzten Jahren wird durch den Mannschaftstitel eine Erfolgsstory der besonderen Art gekrönt, das deutsche Modell hat sich durchgesetzt in der Welt der Kombinierer: das Zusammenspiel zwischen Heimtrainern und Trainerstab der Nationalmannschaft, das Reisesystem, nach dem wir zu jedem Weltcup anreisen und in den Zwischenzeiten zu Hause an den Stützpunkten trainieren, das Technikerteam mit einem nun eigenen Wachstruck und die individuelle Professionalität der einzelnen Sportlerpersönlichkeiten haben eine Mannschaft geformt, die jetzt ganz oben steht.

Wir sind Weltmeister!

„Gold!"– Mannschaftsfoto nach dem Teamwettbewerb

FARBIMPULSE

Mein Sohn Philipp hat sich doch tatsächlich mit zwei schwedischen Jungs angefreundet, die mit ihrer Familie in der Nähe des Mannschaftshotels in einem kleinen Landhaus wohnen und wohl sehr aufmerksame Besucher der Wettkämpfe vor Ort sind. Die Verständigung klappt per Zeichensprache soweit ganz gut, bei wichtigeren Anliegen sind die Mütter das Medium, bevorzugt auf Englisch, oft aber auch auf Deutsch. Ja, sehr viele Schweden können sich auf Deutsch verständigen, was immer wieder auffallend ist, wenn man durch die Gassen Faluns spazieren geht und von den Einheimischen um Autogramme gebeten wird.

„Papa, streichst Du unser Haus auch mal rot an?" fragt Philipp beim Frühstück. Offensichtlich gefällt meinem Sohn das rot gestrichene Holzhaus mit den weißen Eckpfosten und Fensterrahmen, hinter dessen Tür seine schwedischen Freunde jeden Abend verschwinden. Ich versuche der Antwort erstmal auszuweichen, um Zeit für das Nachdenken zu gewinnen, ob ein roter Fassadenanstrich zukünftig in Betracht käme, und frage ihn zurück, ob er denn wissen würde, wie der rote Anstrich denn heißt. Philipp verneint, interessiert sich aber sofort für den Namen der Farbe.
„Falunrot" sage ich mit Kennermiene. „Falunrot? So wie Falun?" bemerkt er sofort. „Ja, wie Falun!" Und dann erkläre ich ihm, was es mit der Farbe auf sich hat, die neben dem blau-gelb der Landesfahne durchaus zu einer der schwedischen Nationalfarben gezählt werden kann. In dem berühmten Nationalepos „Nils Holgersson", das in den Wäldern um Falun spielt, wird von einem Bauern berichtet, der sein Vieh immer im Sommer zur Weide in den Wald trieb. Bald bemerkte er, dass einige Ziegenböcke immer mit roten Hörnern aus dem schwer zugänglichen Dickicht zurückkehrten.

Auch wenn man den Ziegen das Rot abwischte, kamen sie den Abend danach erneut mit roten Hörnern zurück.

„Falunrotes" Schwedenhäuschen

Da folgte der Bauer seinen Ziegen und beobachtete, dass sich diese an einigen roten Felsen zu schaffen machten – die Ziegen hatten sich an Kupfererz gerieben, das entsprechende Farbpigmente besitzt.

So wurde eines der bedeutendsten Kupfervorkommen in Schweden entdeckt und Falun wurde eine Bergwerksstadt. Aus dem Abraum des Kupferbergbaus konnte dann das rote Farbpigment gewonnen werden, das als Außenanstrich der Holzhäuser bei den Schweden schnell beliebt wurde, da sie damit eine Farbe verwendeten, die an die Backsteinbauten wohlhabender Mitteleuropäer erinnerten. Heutzutage sind die roten Holzhäuser ein Kennzeichen Schwedens, die Philipp aus dem Flugzeug beim Landeanflug auf Stockholm schon aus der Luft bewundert hatte.
„Respekt" feixt mein Mannschaftskamerad Björn Kircheisen hinsichtlich meines vor der Weltmeisterschaft angelesenen Wissens. „Klar doch, wenn man aus dem Erzgebirge kommt, interessiert man sich doch für Erze", lache ich zurück. Derweil sind Philipps Freunde ins Hotel gekommen, um ihn zum Rodeln abzuholen.

Allein am Tisch denke darüber nach, ob wir unser Haus irgendwann mal mit Falunrot streichen sollten.

MISSION TITELVERTEIDIGUNG

Morgen ist es also soweit. Der Wettbewerb auf der Großschanze steht an. Es geht um meine Titelverteidigung.

Die Tage nach der Staffelentscheidung haben wir genutzt, uns mit der Großschanze hier in Falun, die keiner von uns je zuvor gesprungen ist, anzufreunden. Die Schanzenanlage ist hochmodern und weist durchaus ihre Tücken auf; sie hat eine sehr steile Anlaufspur im oberen Drittel und wird dann relativ flach zum Absprungpunkt hin. Das ist eine Besonderheit, die wir so von den Weltcupschanzen nicht kennen und auf die man achtgeben muss. Findet man beim Ablassen nicht sofort die richtige Hockposition mit dem maximalen Druck auf die Spur, so bekommt man keine richtige Geschwindigkeit und verlässt die Schanze mit Werten, die einen weiten Sprung ausschließen. So habe ich die ersten zwei Trainingssprünge auch nicht gut absolviert, weil man ein wenig experimentieren musste. Der dritte Sprung saß dann.

Weltmeisterschaft Falun 2015 – ein guter Schliff ist die Grundlage von allem

Es ist ein klarer Fingerzeig für den Wettkampf: eine Unachtsamkeit in den ersten Sekunden des Wettkampfs kostet einem wahrscheinlich die Chance, vorne mit dabei zu sein. Nervenkitzel pur!

Im Hinblick auf diese Besonderheit wage ich die Prognose, dass nicht alle starken und favorisierten Sportler ihr Wunschergebnis bekommen werden, es wird den einen oder anderen Favoritensturz geben.
Das deutsche Team geht mit fünf starken Startern an den Start. Da ich der amtierende Weltmeister bin, bekommt unsere Nation einen Startplatz mehr als die anderen Teams. In der derzeitigen Form hat der Bundestrainer fünf Trümpfe in der Hand, von denen jeder stechen kann. Es wird also ein harter Kampf vor allem gegen die Teamkameraden geben. Auch die Norweger haben sich nach der Staffelniederlage viel vorgenommen.

Ich glaube, dass wir einen Wettkampf vor uns haben, bei dem die Leistungsdichte sehr hoch sein wird und der für jeden einzelnen von uns wesentlich von den ersten Sekunden beeinflusst sein wird. Neben dem Schanzentraining waren wir viel in der Halle und haben mit spezifischen Übungen an der Muskulatur gearbeitet, um einen guten Muskeltonus zu entwickeln. Aber Spiel und Spaß standen auch auf dem Programm: Fußball in allen Variationen, vom offenen Spiel bis Geschicklichkeitsübungen. Wir Deutschen sind ja nicht nur in der Kombination Weltmeister!
Die Techniker sind auch seit Tagen weiter am Testen, um die Bedingungen, die im Ernstfall herrschen werden, auch zu beherrschen. Die Spannung bei uns allen steigt stündlich, nur einer ist stets entspannt und mit einem Lächeln unterwegs, unser Bundestrainer Herrmann Weinbuch.

Für ihn stehen bereits zwei Titel zu Buche und morgen hält er fünf Trümpfe in der Hand!

TU FELIX AUSTRIA

Ich verbeuge mich vor meinem Nachfolger, dem Österreicher Bernhard Gruber, der den Titel von der Großschanze holte. Mit ihm haben wir ein echtes Kombinierer-Urgestein auf dem Weltmeisterthron, der in den letzten Jahren immer wieder nah dran war an einem Titel, ihn aber nie holte. Jetzt krönt er seine Karriere mit dem WM-Titel und ich freue mich aufrichtig für ihn. Überhaupt wird dies der Kombination in Österreich richtig helfen, die nach dem Abgang von Felix Gottwald ein stiefmütterliches Dasein fristet im Hinblick auf TV-Präsenzen und Zuschauerzuspruch. Toni Innauer als Direktor Nordisch des ÖSV ist mit Sicherheit ein Stein vom Herzen gefallen. Gratulation auch an Johannes Rydzek, der nach seinen Goldmedaillen nun auch eine Bronzemedaille in den Händen halten darf.

Bernhard Gruber hatte auf der Schanze gut vorgelegt, das Rennen selbst verlief wieder sehr atypisch. Das führende Dreierfeld konnte von der Meute nicht gestellt werden, erst in der unmittelbaren Schlussphase hatte Johannes noch den Anschluss hergestellt, um in einem fulminanten Endspurt gegen Magnus Moan die Hand ans Edelmetall zu legen.

Was soll ich zu mir selbst sagen? Ich bin bei meinem zweiten Einzelrennen wieder nicht in der Verfassung gewesen, in der ich die letzten Weltcups bestritten hatte. Ich hatte keine Möglichkeiten, große Impulse zu setzen oder gar Attacken zu initiieren. Die anderen Wettkämpfer waren diesmal einfach besser, das muss man anerkennen.

Ich werde mich nun ganz und gar auf den letzten Wettkampf vorbereiten, den ich zusammen mit Johannes Rydzek als Zweier-Team bestreiten werde. Ich denke, dass Johannes ja in einer blendenden Form ist und ich werde vor allem versuchen, mit einem guten Sprungergebnis die Grundlage für ein gutes Wettkampfergebnis zu sorgen.

Also, jetzt wird nach vorne geschaut, ein paar regenerative Maßnahmen heute, spazieren gehen, Musik hören, den Kopf freibekommen, um die morgige Chance beherzt zu nutzen.

Ob das reicht? – Weltmeisterschaft 2015 in Falun, Einzel Großschanze

VON FALUN NACH FLOSSENBÜRG

Silber zum Abschluss für Johannes Rydzek und mich im Teamsprint – das Ergebnis ist erfreulich, das Rennen war von der Organisation und der Präparierung der Pisten eine einzigartige Katastrophe. Die Veranstalter hatten doch bei einem Anstieg tatsächlich vergessen, die Piste zu walzen, so dass tiefer Neuschnee die Unterlage bildete. Auf hundert Metern Anstieg konnte man dann von den Athleten die lustigsten Strategien erleben, mit denen man über das Geläuf Herr werden wollte. Die Norweger gingen teilweise an den äußersten Rand der Strecke, weil hier die Flächen eingestampft waren; der Nachteil war das Laufen einer längeren Strecke. Andere Athleten versuchten sich mit einem wahren Storchenlauf und probten mit großen Schritten, den Anstieg mehr hochzugehen als hochzugleiten.

Besonders schwere Athleten wie der Norweger Magnus Moan dürften ganz neue Erfahrungen mit ihrer nicht mehr vorhandenen Gleitfähigkeit gemacht haben. Das Problem des tiefen Schnees auf der Piste lag über dieser Weltmeisterschaft wie ein Schatten und hat für eine gewisse Unverhältnismäßigkeit und Wettbewerbsverzerrung geführt. Auch ich hatte ja meine Probleme mit diesem tiefen Schnee, da ich mehr aus den Beinen als aus den Armen arbeite. Auf der anderen Seite wird man nie einen Wettkampf absolvieren können, in dem alle Athleten für sich vorteilhafte Bedingungen haben – egal ob auf der Schanze oder in der Loipe. Wir sind mit unserem Sport in der Natur und die verändert sich manchmal in Sekunden. Damit muss man leben können.

Nach dem Silberplatz stand im Hotel eine große Mannschaftsfeier auf dem Programm: Mannschaftsgold, ein Einzelweltmeistertitel, Bronze und Silber noch dazu. Diese Teamleistung kann sich sehen lassen – wir sind stolz auf unsere Ergebnisse!

Am nächsten Tag die Rückfahrt nach Arlanda, dem Flughafen Stockholms, der eine gute halbe Stunde von der Metropole entfernt ist und beschaulich im Grünen liegt. In meinem persönlichen Rucksack Gold und Silber. Take off - die roten, schwedischen Häuser sind schöne Farbtupfer in der weißen Winterlandschaft: Falunrot. Ich nehme es als letzten Gruß vom WM-Ort mit auf den Flug, der pünktlich zur Mittagszeit in München einschwebt. Verabschiedung von den Mannschaftskameraden.

Nach zwei Stunden Fahrt liegen zwei Wochen Weltmeisterschaft hinter mir. Von Falun nach Flossenbürg – endlich wieder zu Hause.

Der Blick ist nun nach vorne auf den Gesamtweltcup gerichtet.

Mir fehlen wenige Punkte, um zum dritten Mal in Folge die große Kristallkugel in Empfang nehmen zu dürfen. Das ist jetzt das Ziel.

WM Silber 2015 in Falun mit Johannes Rydzek im Teamsprint

SCHLUSSSPURT MIT SIGHTSEEING

Trondheim und Oslo sind die beiden letzten Stationen der diesjährigen Weltcupreisen. Trotz Konzentration auf die beiden Einzelrennen reist nach Norwegen eine große Gelassenheit mit, die es mir erlaubt, zunächst Trondheim, später Oslo als Tourist aufzunehmen. Trondheim ist ja vielen Urlaubern bekannt als Anlaufpunkt der berühmten Hurtigrutenschiffe. Die Stadt liegt am sogenannten Trondheimfjord, zugleich an der Mündung des Flusses Nid, und hat ein nettes Treiben im Hafen, das natürlich nach dem Anlegen eines Hurtigrutenschiffes noch stärker zirkuliert. Als Wirtschaftswissenschaften-Student nehme ich auf der Fahrt mit dem Taxi auch die Gebäude der Universität Trondheim zur Kenntnis, die in Norwegen eine gute Reputation hat. Ich bin also inmitten von Touristen, Studenten und Trondheimern selbst, was eine lustige Gemengelage zu sein scheint. Der Taxifahrer erzählt mir von dem intensiven Nachtleben in Trondheim genauso wie vom Sonnenbaden und Picknicken auf den grünen Fjordwiesen im Sommer. Trondheim hat auch einen starken Bezug zur allseits beliebten norwegischen Königsfamilie – in der Trondheimer Kathedrale wurden die norwegischen Könige gekrönt und die jetzige Königsgeneration residiert bei Aufenthalten im Stiftsgarden, dem größten Holzpalast Skandinaviens. Gegen Mittag bin ich wieder zurück im Mannschaftshotel, genieße fangfrischen norwegischen Fisch und bereite mich auf die Trainingseinheit vor.

Nach dem Trondheimer Wettkampf fliegen wir dann zeitnah nach Oslo zurück, wo der Schlusswettkampf dieser Saison auf dem Holmenkollen stattfindet, dem legendären Wintersportgebiet im Stadtgebiet von Oslo mit der ältesten Sprungschanze der Welt, von dem aus man einen wunderbaren Überblick über die norwegische Hauptstadt mit ihrer einmaligen Lage am Oslofjord hat. Auch hier zählt das königliche Schloss zu den Hauptattraktionen der Stadt, neben der Nationalgalerie und dem Edvard Munch-Museum.

Während ich den Oslo-Führer durchblättere, beschließe ich, mit der Trikk, der Osloer Straßenbahn, auf jeden Fall zum Osloer Rathaus zu fahren, in dem alljährlich die Nobelpreise verliehen werden, um danach noch etwas durch Gamlebyen zu flanieren, der Altstadt.
Der Nachmittag gilt aber nun dem Sport, die Schanze wird getestet und die Laufstrecke unter die Lupe genommen. Abends sitzen wir gemütlich mit der Mannschaft zusammen.

Alles ist gerichtet für den Trondheimer Weltcup. Vor dem Schlafen blättere ich noch ein wenig im Reiseführer.

Ankunft im Trondheimer Flughafen 2015

SKISPITZEN
Eric Frenzel

WELTCUPSAISON 2015/2016

OLYMPISCHER SPIRIT

Gute Laune beim Weltcup 2015 in Lillehammer

München Airport – wir alle warten auf Flug SAS 456, der das deutsche Team nach Oslo fliegen soll. Von dort geht es dann mit dem Bus über das Land nach Lillehammer, dem norwegischen Austragungsort der Olympischen Spiele 1994. Die Kombinierer versuchen sich am Weltcup-Start, nachdem die Wettkämpfe in Kuusamo dem Wetter zum Opfer gefallen sind. Lillehammer ist ein wunderbarer Ort für die Saisoneröffnung – ich liebe den Ort und die Menschen dort. In der Stadt herrscht noch ein olympischer Spirit – die Skulpturen der Spiele im olympischen Park stehen genauso wie die damaligen Wettkampfstätten, die wir nun auch für unsere Wettkämpfe nutzen.

Der Geist des Ortes wird natürlich auch durch die Menschen hier wach gehalten. Die Norweger sind Wintersport-Enthusiasten und haben ihren Fokus auf Skispringen, Langlauf und natürlich auf die Kombination von beidem. Nicht nur vor den Fernsehgeräten oder an den Wettkampfstätten selbst lassen sie ihrer Begeisterung freien Lauf, sondern sie üben den Sport auch selbst aus. Norweger auf Langlaufskiern beim Einkauf – das ist kein seltenes Bild in der Stadt.
Das Interesse der Norweger an unserem Sport zieht es nach sich, das man auf offener Straße erkannt und um Autogramme gebeten wird. Man fachsimpelt dann sogar ein bisschen. Manch einer analysiert aus dem Stand den letzten Wettkampf oder fragt sogar nach speziellen Methoden des Wachsens. Man ist hier interessiert an den Dingen. Idealismus im besten Sinne beggegnet einem ständig. Die Ansprache der Menschen ist sehr höflich und trotzdem nahbar, man sagt „Du" zueinander und wird mit den besten Wünschen zum Wettkampf verabschiedet, auch wenn das Herz der Norweger natürlich für ihre Landsleute schlägt, die seit Jahren Athleten in der Weltspitze stellen. Ich freue mich auf die Ankunft in Oslo und die Weiterfahrt nach Lillehammer, bei der es immer wieder etwas anderes landestypisches zu entdecken gibt. Manchmal wird so ein Bus auch schon mal von einem Elch gestoppt, der langsam die Straße überquert. Der Fokus ist jetzt schon auf die beiden Wettkämpfe ausgerichtet, die vor mir liegen. Ich bin gespannt, ob die FIS zwei Einzelstarts ansetzen wird, nachdem der Weltcup-Auftakt ausfiel. Nach der Vorbereitung sind alle Athleten wie nervöse Rennpferde.

Es sollte jetzt losgehen. Es muss jetzt losgehen!

NORWEGISCHES FRÜHSTÜCK

Wenn die deutsche Nationalmannschaft der Kombinierer zum Frühstück zusammenkommt, ist dies aus sportlicher Sicht ein Gipfel der besonderen Art. Es frühstücken derzeit regelmäßig zusammen ein amtierender Weltmeister (Johannes Rydzek), der gegenwärtig Führende im Gesamtweltcup (Fabian Riessle) und meine Wenigkeit als amtierender Olympiasieger und Gesamtweltcupsieger. Die Leistungsdichte im deutschen Team war noch nie so ausgeprägt und trotz allen Konkurrenzdenkens verstehen wir uns alle richtig gut und sind miteinander befreundet.

Das hindert nicht an kleinen Späßen im Alltag, mit denen man gegenüber den anderen Selbstbewusstsein, Herrschaftswissen und Überblick spiegeln kann, was sich mitunter wettkampfpsychologisch zu kleinen Wettbewerbsvorteilen verdichten kann. Als sich die Bedienung beim Frühstück unserer Runde nähert, um nach unseren Wünschen zu fragen, erziele ich den gewünschten Effekt bei meinen Mitstreitern, indem ich mich selbstbewusst nach hinten lehne und im besten Norwegisch nach „Brunost", „Prim" und „Gudbrandsdalen" frage. Ein verständiges Nicken der Bedienung und ein ungläubiges Aufschauen meiner Teamkameraden über Müsli-Schalen und Marmeladenbrötchen lassen mich innerlich schmunzeln. Bestellt, serviert, probiere ich nun diese norwegische Spezialität, die mir heute eine Alternative zu den gewöhnlichen süßlichen Brotaufstrichen sein soll und mit der ich meine Kollegen ins Grübeln bringen möchte.

Einem Touristen gegenüber am Nachbartisch komme ich ins Dozieren, während an meinem Tisch Schweigen herrscht: Brunost ist ein Käse mit Karamellgeschmack, den es in diversen Varianten gibt. Norwegische Bergbauern kochten einst die Molke so lange ein, bis der darin enthaltene Milchzucker karamellisierte und die Käsemasse eine hellbraune Farbe und einen süßlichen Geschmack erhielt.

Diese als „Prim" bezeichnete Molkenspezialität birgt gesunde Mineralstoffe und wertvolle Proteine. Eine Veredlung stellt dann die Vermischung, der Prim mit Sahne und einem Schuss Ziegenmilch, dar, was dann unter dem Namen „Gutbrandsdalen" vermarktet wird.

Am nächsten Morgen ziehen die Kollegen nach und probieren sich im Zuge einer vermeintlichen Ernährungsoptimierung ebenso an den Käsesorten. Da bin aber schon wieder einen Schritt weiter und kreiere den norwegischen Frühstückklassiker schlechthin: auf dünnen Toast gehobelter Gutbrandsdalen mit einem Klacks roter Wildbeerenmarmelade.

Das Gefühl, den Jungs immer einen Schritt voraus zu sein, versuche ich auch körpersprachlich umzusetzen. Wir werden noch ein paar Tage in Norwegen bleiben, um möglichst viele Sprünge bei sehr guten Wetterbedingungen zu absolvieren und haben dann den Weltcup in Ramsau fest im Blick.

Im Rahmen einer ganzheitlichen Vorbereitung beschäftige ich mich auch schon mal mit den österreichischen Frühstücksgepflogenheiten.

Trainingslager in Lillehammer 2015 nach dem Weltcup

PENSION TISCHLBERGER

Es ist ein wenig wie „nach Hause kommen", wenn der alljährliche Weltcup in Ramsau am Dachsteingebirge ansteht. Seit 20 Jahren schon ist das deutsche Team Gast in der Pension Tischlberger, die gerade mal zwei Kilometer entfernt zum Wettkampfareal liegt. Herzlich werden wir von der Wirtsfamilie begrüßt, die sich zum Spalier im Eingangsbereich aufgestellt hat. Die Wirtsmutter berichtet, sie habe alle Wettkämpfe im Fernsehen verfolgt und mit uns hinsichtlich der bisherigen Wetterbedingungen „Trübsal geschoben". Wir bestaunen, wie in einem Ritual, das Wachstum der Kinder, die wir ein ganzes Jahr nicht gesehen haben. Ansonsten hat sich wenig verändert über all die Jahre, seit ich als Ramsau-Debütant zum ersten Mal hier am Dachstein dabei sein durfte – für mich persönlich eine liebenswerte Konstante in schnelllebiger Zeit.

Aus der Stube unten duftet es schon nach Abendessen, steierische Hausmannskost, die auch mal deftig ausfällt. Zum Frühstück gibt es für uns immer einen besonderen Haferschleim, der uns allen eine willkommene Abwechslung zum gewöhnlichen Weltcup-Müsli ist. Zum Abend sind die Salate heiß begehrt, die mit dem steierischen Kürbiskernöl zusammen unglaublich lecker schmecken. Von den kräftig-süßen Nachspeisen halten wir Athleten uns natürlich fern.

Zuerst werden wir aber auf die Zimmer geleitet. Dort räume ich die große Tasche, die ich gestern Abend im Erzgebirge gepackt habe, aus. Das wichtigste Utensil auf meinen Weltcupreisen ist dabei mein eigenes Kopfkissen – ja, in der Tat, ich schwöre auf mein eigenes Kopfkissen, nachdem ich jahrelang alle Höhen und Härten, für die Kopfkissen stehen können, kennen gelernt habe. Nach einer schlimmen Einzelerfahrung, die mir eine ordentliche Verspannung in der Nackenmuskulatur eingebracht hatte, bin ich auf das eigene Reisekopfkissen, das geradeeinmal die Hälfte eines gewöhnlichen Kopfkissens ausmacht, umgestiegen.

Beim Abendessen klärt uns die Familie über die Wettervorhersage auf, die für uns in diesem Winter einen bedeutenden Nachrichtenwert hat. Die Dinge bleiben so, wie sie sind, mit Schnee sei nicht zu rechnen. Das weiße Kunstschneeband in der grünen Landschaft sei aber von vielen freiwilligen Helfern gut präpariert, die Schanzen ebenso. Fairen Wettkämpfen werde nichts entgegenstehen.

Gut, man muss mit den Karten spielen, die einem zugeteilt werden, sagt der Pensionsvater. Recht hat er. Ich bin hoch motiviert, vor Weihnachten anzugreifen und einen ersten Paukenschlag zu setzen.

Ein zweites Zuhause- Pension Tischlberger in Ramsau Weltcup 2015

ZWEI SIEGE AN EINEM TAG

Gäbe es ein Lehrbuch für Renntaktik bei einem Langlaufwettkampf, dann würde das zweite Ramsauer Rennen als Mustervorlage dienen. Es war das perfekte Rennen für mich, obwohl mein Rückstand auf den 18-jährigen Teenny-Norweger Riiber am Start eine Minute betrug. Viel Holz, vor allem, wenn es auf eine so anspruchsvolle Strecke wie am Dachstein geht. Aber wieder mal zeigte sich, was für ein Vorteil es ist, im Pulk die Verfolgung aufzunehmen. In der ersten Rennphase kam es zum Zusammenschluss mit meinem Mannschaftskameraden Manuel Faißt, dem Norweger Klemetsen und dem Tschechen Portyk – und diese Lokomotive funktionierte tadellos.

Mit Abwechslung in der Führungsarbeit kamen wir Sekunde für Sekunde an Riiber heran, der allein auf weicher Strecke und anspruchsvollen Steigungen viel Kraft ließ. Der Vorsprung war zur Hälfte des Rennens auf 17.7 Sekunden geschmolzen und bei Kilometer „6" konnte unser Zweckbündnis zum Führenden endlich aufschließen. Ich spürte viel Kraft in mir und intuitiv traf ich die Entscheidung, das Tempo weiterhin hoch zu halten, wodurch die Verfolgergruppe etwas auseinanderfiel. Die Trainer signalisierten von draußen, dass das Hauptverfolgerfeld auch nicht mehr weit entfernt wäre, so dass ich am unmittelbar folgenden Anstieg meine Chance suchen wollte und auch fand. Keiner konnte folgen und ich glitt mit fast 50 Stundenkilometer in der Ebene durch den mit 15 Grad Außentemperatur frühlingshaften Tag Richtung Ziel.

Ein Telemark durch die Ziellinie und dann war der erste Weltcup-Sieg der Saison da, den ich vor der Kamera spontan meinen Söhnen widmete, die in diesem Winter mich so häufig ja nicht sehen werden.

Die deutsche Gesamtleistung mit vier Platzierungen unter den besten Acht war ebenso eine äußerst starke und zeigt, womit wir in dieser Saison zu rechnen haben.

Es wird um den Gesamtweltcupsieg einen harten Abtausch zwischen den Norwegern und uns Deutschen geben. Spaß macht dabei unsere Leistungsdichte im deutschen Team, die in entscheidenden Momenten wertvolle Hilfestellung geben kann, wie wir es in Ramsau sehen konnten.

Zufrieden und erschöpft setzte dann unsere Rallye nach Salzburg-Airport ein, um wenig später in Baden-Baden bei der Sportlerwahl des Jahres als Mannschaft präsent zu sein...

...und dann wurde ein Traum wahr: nach 28 Jahren wurden wir wieder Mannschaftsweltmeister in der Kombination, die deutschen Sportjournalisten wählten uns dafür zur „Mannschaft des Jahres"!

Wir fliegen nicht nur von den Schanzen – Anreise aus Salzburg nach Baden-Baden zur Gala „Sportler des Jahres" 2015

PRIVATISSIME

Laura sitzt draußen auf dem Balkon und sonnt sich, Philipp spielt daneben, unser jüngster Sohn schläft in seinem Bettchen. Was sich nach einem idyllischen Familienurlaub anhört, ist eine Episode aus dem gegenwärtigen Weltcupwinter – nach der Absage des Weltcups in Klingenthal wegen Schneemangels, bin ich mit meiner Familie und meinem Heimtrainer in ein privates Trainingslager gefahren, nämlich nach Val di Fiemme. Der Bundestrainer hat uns Heimtraining verordnet und wir haben uns dann gefragt, wo die besten Trainingsbedingungen in den Alpen sind und haben Val di Fiemme identifiziert. Zwar hat es auch dort kein Schnee gegeben, aber die Nächte sind kalt, so dass ausreichend Kunstschnee für Loipen und Schanzen produziert werden kann. Seit dem zweiten Weihnachtsfeiertag sind wir hier.

Dieser Weltcupwinter ist für alle Beteiligten eine besondere Herausforderung. Keiner hat mehr einen normalen Wettkampfrhythmus, das Gefühl für das Laufen und das Springen automatisiert sich nicht so wie sonst.

Von der Einstellung her hat man viele Saisoneröffnungswettkämpfe, an die man sich immer etwas herantastet. Deshalb sind wir nun in Val di Fiemme und trainieren täglich sehr gut. In der Loipe geht es darum, Kilometer abzuspulen, um die Laufform zu halten, auf der Schanze dagegen wird weiter an Details gearbeitet, insbesondere in Auswertung der letzten Wettkampfsprünge.

Die Anfahrtshocke wird durch Videoanalysearbeit optimiert; wir achten auf eine gerade Anfahrt und auf eine aerodynamische Anfahrtshocke, um die Anfahrtsgeschwindigkeit zu verbessern. Auch die Steuerung im Flug mit Armen und Beinen wird in der Auswertung in viele Einzelabschnitte zerlegt und diskutiert, um dann beim nächsten Sprung die diversen Ableitungen umzusetzen.

Beim Schanzentraining schaut dann spontan meine Familie zu, im Winter hat dies für alle Seltenheitswert und trotz aller Trainingsanspannung genießen wir als Familie diese Art von Zusammensein.

Nach dem Training laufen wir alle zusammen und Kinderwagen schiebend zu unserem kleinen Hotel in der Nähe der Anlagen. Am Abend sollen noch weitere Teammitglieder vom Kader in Oberwiesenthal anreisen, nachdem ich den Stützpunkt informiert hatte, dass die Trainingsbedingungen hier sehr gut seien.
In der Wirtsstube sitzen wir gemütlich zusammen und spielen mit Philipp, während wir auf das Essen warten: Pasta nach hauseigenem Rezept zuvor, danach Wild mit Salat. Auf den Nachtisch verzichte ich zugunsten meines Sohnes, der die zweite Eiskugel mit Wonne verspeist.

Wir liegen alle früh im Bett und freuen uns auf den nächsten „kombinierten" Trainings-und Familientag.

Trainingslager mit Familie 2015 in Passo di Lavaze

GRÜNE WIESEN, GRÜNE TISCHE

Ich öffne die Fensterklappen und überlege eine Sekunde, ob ich träume – ich sehe Schnee, soweit ich schauen kann und das bei herrlichem Sonnenschein! Nein, es ist kein Traum, wir sind gestern mit der Nationalmannschaft nach Seefeld angereist und hier liegt das, wonach wir uns seit Wochen sehnen: Schnee, Schnee, Schnee!

Seefeld ist ein richtiges Schneeloch. Seitdem hier in den letzten kalten Tagen richtig was heruntergegangen war, hat man hier wieder ein kleines Wintermärchen. Leider sind wir nicht hierher gekommen, um endlich mal wieder einen Wettkampf zu bestreiten, sondern wir freuen uns hier auf Trainingstage – immerhin…

…und so trainieren wir in der Loipe und auf den Schanzen und sind in unserer Gefühlswelt meilenweit von den grünen Wiesen entfernt, die uns seit dem Weltcupstart am Rande der eilig präparierten Kunstschnee-Schleifen begleitet haben.

Nach den Trainingseinheiten finden wir uns dann immer wieder mit den Trainern in der Stube ein, um die neuesten Nachrichten der FIS zu hören. Hinter den Kulissen an den grünen Tischen wird eifrig seitens der Verantwortlichen diskutiert und überlegt, wie der Weltcupwinter für uns Aktive noch gerettet werden kann. Der Teufel steckt da offensichtlich im Detail und es ist für alle nicht leicht, Lösungen zu entwickeln, die leicht realisierbar sind. Es geht eben doch nicht so einfach, eine Weltcupveranstaltung logistisch - organisatorisch aus dem Hut zu zaubern. „Macht doch hier den nächsten Weltcup!" rufen uns deutsche Spaziergänger und Wintersporttouristen zu. Aber Seefeld steht an einem anderen Termin im Weltcupkalender. Die Frage der Ausweichtermine und Ausweichstandorte ist die allein bestimmende in diesen Tagen.
Mal sind Nöte von Veranstaltern zu berücksichtigen, mal gibt es Probleme mit den TV-Sendeplätzen. Kann man nach einem angekündigten Weltcupfinale in Predazzo noch Wettkämpfe im März stattfinden lassen, ja oder nein?
Auf wie vielen Entscheidungen wird sich die diesjährige Vergabe der großen Kristallkugel für den Gesamtweltcupsieg gründen? Mit wie vielen, wahrscheinlich historisch wenigen Punkten wird man sich zum Kreis der Besten zählen dürfen?

Man muss mit den Bedingungen leben, die einem zugwiesen sind, insbesondere gilt dies für Sportarten in der freien Natur.

Wir trainieren Tag für Tag weiter und hoffen, dass wir bald auch an anderen Orten des Weltcupwinters die Fensterläden öffnen können und unser Elixier sehen: Schnee, Schnee, Schnee!

Die Seefelder Schanzen 2016

ROLLENTAUSCH

„Hopp, hopp, hopp – zieh, zieh! Noch einen kleinen Anstieg! Fünf Sekunden ist Bronze vor Dir! Hinten kommt nichts mehr! Auf geht`s!" – eine typische Begleitung meiner Trainer bei Weltcuprennen? Heute stammen die Sätze von mir! Sie gelten meinem ältesten Sohn Philipp, der gerade am Skileistungszentrum Silberhütte in Flossenbürg an einem Langlaufwettkampf teilnimmt. In diesem Winter sind die vertauschten Rollen an der Tagesordnung. Die Wettkampfausfälle in dieser Saison lassen zu, dass ich meinen achtjährigen Sohn bei Wettkämpfen begleiten kann und dort Serviceman, Trainer und Mentalbetreuer in einem bin. Ich freue mich riesig, ein paar Live-Auftritte von Philipp sehen zu können, auch wenn es durch unsere Ausfälle bedingt ist. Es macht wahnsinnig stolz, zu sehen, dass mein Sohn an denselben Dingen Freude findet, wie ich selbst – und für ihn ist es natürlich auch eine spannende Sache, das auszuüben, was er bei Papa via TV oder als Wettkampfbesucher live an der Weltcupstrecke miterlebt. Die veränderte Perspektive gibt mir auch interessante Einblicke, vor allem emotional. Man zittert mit, man schreit, man treibt an, gibt taktische Anweisungen... und dies beim eigenen Sohn, bis er als achtbarer Vierter endlich im Ziel ist.

Während Philipp Mama zu Hause vom Rennen berichtet, bin ich mit Leopold, unserem vier Monate alten Sohn, am Wickeltisch. Leopold strampelt mit seinen Beinchen, als ob es gerade in den Zielsprint ginge und strahlt dabei äußerste Konzentration aus.

Kartoffeln schäle ich, während ich im Fernsehen meine Wintersportkollegen aus den anderen Sportarten beobachte – Biathlon, Skispringen, Langlauf. Alle Disziplinen finden mehr oder weniger trotz der Schneeproblematiken in Europa statt, nur wir Kombinierer sind durch die Verkettung unglücklicher Umstände von dauerhaften Ausfällen betroffen. Auch der französische Weltcup wurde eine Woche nach hinten verschoben. Wintersport im TV – das betrübt natürlich, wenn man selbst hinaus will in die Loipen und auf die Schanzen.

Zwischendurch meldet sich ein Mannschaftskamerad telefonisch und fasst die Diskussionen der Funktionäre zusammen: man plane die nächsten Weltcups um einzelne Wettkämpfe zu erweitern, um annähernd an die geplante Gesamtweltcupquantität heranzukommen. Es sei gesichert, dass nun nach dem eigentlichen Weltcupfinale der Schonach-Wettkampf im März noch stattfinde. Ein Novum: ein Finale nach dem Finale!

Ich gehe früh ins Bett. Morgen früh habe ich wieder Training – den Ernstfall proben, in der Hoffnung, dass er bald kommt.

Skilanglaufzentrum Silberhütte/Oberpfälzer Wald, ein Wettkampf meines Sohnes Philipp

GUT VORBEREITET

Landeanflug auf Genf im letzten Sonnenlicht, der See liegt dunkelblau-grau unter uns, weiter zurück das Jura-Gebirge, in dem die Gipfel rötlich leuchten. Irgendwo darin liegt Chaux-Neuve, der Weltcuport des Wochenendes. Unser Flug kam aus München, 50 Minuten, in denen man kaum Höhe bekommt und atemberaubend nah die Welt von oben sieht. Zum Airport München war ich zuvor zwei Stunden mit dem Auto gemütlich durch Winterlandschaften, aber bei freier Fahrbahn angereist.

Das Jura- Gebirge sieht aus der Luft landschaftlich sehr schön aus, leider landen wir in Genf immer in der Dämmerung, so dass wir mit dem vom Veranstalter zur Verfügung gestellten Shuttle-Service dann die Serpentinen auf die Höhen im Dunkeln fahren – every year the same procedure!

Ein Sommerurlaub im Jura-Gebirge würde diesen Umstand endlich mal auflösen!

Erstmalig sind wir in einem neuen Hotel und in Unkenntnis, was uns dort erwarten wird, habe ich natürlich vorgesorgt. Wenn das Frühstücksbuffet zu deftig ausgestattet ist, habe ich Sonderrationen heimischen Müslis und jede Menge Hipp-Gläser mit kleinen Mahlzeiten eingepackt. Auch das Baguette kann schnell bei Sportlern die Verdauung beeinflussen, wenn man eben aus Deutschland kommt und auf Vollkornbrot und Pumpernickel geeicht ist. Ansonsten freue ich mich schon auf den französischen Käse.

Die letzten Wetterprognosen waren gut, die Temperaturen werden nicht allzu tief erwartet, so dass wir in der normalen Rennkleidung antreten werden können, auch wenn das angesichts der tiefen Temperaturen in Deutschland anders zu erwarten gewesen wäre.

Auch für andere Rahmenbedingungen wären wir mit Rettungsfolien gerüstet gewesen, die bei minus 20 Grad dann in die Anzüge hinein zurechtgeschnitten würden, wie wir das oft schon in Lahti bei den finnischen Weltcups gemacht haben.

Lahti ist ein gutes Stichwort. Kurz vor dem Start in München sickerte durch, dass die FIS Ersatzwettkämpfe in Lathi und Trondheim angesetzt habe, um die Ausfälle in diesem Winter zu kompensieren – endlich haben wir Kombinierer sozusagen auch mal englische Wochen, nur dass diese dann komplett an einem Wochenende stattfinden werden.

Also, vor uns liegen die Wettkämpfe in Frankreich, alle Gedanken sind auf Schanze und Loipe gerichtet. Der Weltcup in Chaux-Neuve ist eine Weichenstellung für die restliche Saison. Ich gehe es an!

Weltcup 2016 in Chaux-Neuve. Gegner und Freunde zugleich: Akito Watabe, Eric Frenzel und Bernhard Gruber (v.r.n.l.)

BACK IN BUSINESS

Ich sitze am Gate in Genf, esse Hühnchen süß-sauer mit Reis und bilanziere das Wochenende: Chaux-Neuve war gut für die Seele! Endlich Schnee, endlich Wettkämpfe! Wenn man durch das Athleten-Lager ging, hörte man von den Sportlerkollegen immer dieselben Sätze gegenüber Journalisten:
„We are very happy, that the snow is back! We are back in business!"
Ja, wir sind zurück im Geschäft, und wie! Ein Sieg und eine Platzierung als Zweiter haben mir ein schönes sportliches Wochenende beschert, was ich selbst als gute Weichenstellung für die Restsaison ansehe und vor allem als gute Vorbereitung für den anstehenden Triple-Wettkampf am nächsten Wochenende in Seefeld. Das Rennen, das mir den 25. Weltcupsieg meiner Karriere einbrachte, war ein kurioses, von der Taktik geprägtes Rennen, das sogar meine Familie am heimischen Fernseher verwirrte. Die Loipe in Chaux-Neuve war von 2,5 auf 2 km verkürzt worden. In der Spitzengruppe waren wir zu viert und ich wollte es partout nicht auf einen Zielsprint ankommen lassen. Also zog ich bereits in der vierten Runde einen kräftezehrenden Zwischenspurt an, um die Gegner abzuschütteln – dies bestaunten meine Frau und Sohn Philipp etwas ungläubig und vermuteten gar, dass ich mich schon auf der letzten, fünften Runde gewähnt und die Rundenverkürzung nicht im Bewusstsein gehabt hätte. Nein, das war nicht so, ich wollte tatsächlich frühzeitig ein Zeichen setzen, was auch klappte! Aber das werde ich meiner Familie nach meiner Rückkehr nochmal genauer erklären. Zwei Tage Oberwiesenthal und dann wird die Anreise nach Seefeld erfolgen. Dort werden wir dann zum dritten Mal in der Historie der Nordischen Kombination den Triple-Wettbewerb haben, mit drei aufeinanderfolgenden Wettkämpfen und einem besonderen Wertungssystem. Dass ich beide Triple-Wettbewerbe zuvor und sogar alle sechs Wettkämpfe für mich entscheiden konnte, bestaune ich selbst immer noch sehr ungläubig – auf jeden Fall ist dies ein gutes Vorzeichen und in der Tat freue ich mich auf Seefeld riesig, da es hier immer exzellente Bedingungen gibt. Natürlich werde ich zumindest versuchen, das Gelbe Trikot zu attackieren, das gegenwärtig von Fabian Riessle getragen wird. Der wird es natürlich nicht so einfach ohne Gegenwehr hergeben.

Es wird spannende Tage in Österreich geben. Kaum hat der Weltcup wieder begonnen, sind wir auch so richtig mittendrin! We are back in business!

GLÜCKSMOMENTE

Ich sitze in meinem Hotelzimmer und weiß gar nicht, mit welchen Worten ich meine Kolumne beginnen soll. Soll ich kommentieren, dass ich nun das Nordic Combined Triple in Seefeld zum dritten Mal gewonnen habe und dabei alle neun Einzelwettkämpfe, die es je bei diesem Wettbewerb gab, gewinnen konnte? Soll ich schreiben, was man fühlt, wenn einem bei einem so bedeutenden Wettkampf ein Sturz widerfährt oder wie es ist, mit einigen Prellungen in einen Lauf zu gehen, in dem der Führende 56 Sekunden Vorsprung hat und zudem als extrem guter Läufer gilt?

Ich schaue nach draußen durch das Hotelfenster auf das Schneetreiben und denke, dass dieses letzte Rennen des diesjährigen Triple-Wettbewerbs eines der drei Rennen sein wird, von denen ich nach meiner Karriere sagen werde, dass sie die wichtigsten gewesen sind. Die Ausgangssituation war nicht gut. Nach meinem Sturz beim Springen, musste ich mit 56 Sekunden Rückstand auf Akito Watabe in die Loipe. Akito ist ein hervorragender Athlet in der Loipe und die Wahrscheinlichkeit, dass ich meinen dritten Triple-Titel in Folge verpasse, war sehr hoch. Zum Start herrschte dickes Schneetreiben, was die Sache für den an der Spitze laufenden Athleten nicht einfach macht. Dies inspirierte mein Team zu den wildesten mathematischen Spielereien, wie viele Sekunden pro Runde, wie viele Sekunden pro Anstieg ich zu kompensieren hätte, um doch noch zu gewinnen. Ich beteiligte mich an diesen Gedankenspielen nicht, aber tief in mir war der unbändige Wille, es zumindest zu versuchen.

Ich ging mit einer hohen Frequenz ins Rennen und wurde ständig informiert, welchen Rückstand ich hatte, den ich konsequent aber nicht genug verringern konnte. Dann stürzte Akito beim Laufen, wahrscheinlich auf Grund des neuen Schnees am Rand. Dieser Sturz kostete ihn nur 5-6 Sekunden, für mich war die Nachricht aber Adrenalin pur. Ich setzte nochmals die Geschwindigkeit hoch, erhielt zeitgleich die Information von unseren Streckenposten, dass Akito sich schwer tun würde. Dann konnte ich ihn endlich vor mir sehen. In diesem Moment sind mir echte Flügel gewachsen und im Nachhinein war es einer dieser unglaublichen Momente im Sport, in denen der Athlet nur noch durch den Willen getrieben wird, es zu schaffen. Akito wehrte sich nicht mehr und ließ mich vorbei.

Auf der Strecke in dem Bewusstsein, dass es gelingen wird und auch jetzt allein in meinem kleinen Hotelzimmer liegt trotz aller Erschöpfung das Sportlerglück.

Seefeld 2016, Zieleinlauf am dritten Wettkampftag:
Triplesieger

DIE GROSSE KUGEL IST DA!

Zum vierten Mal in Folge darf ich die große Kristallkugel mit nach Hause nehmen, die für den Gewinn des Gesamtweltcups steht – ich bin überglücklich! Viele Reporter und Journalisten haben mir in den letzten Tagen vorgerechnet, welche statistischen Rekorde ich in diesem Winter gebrochen habe und welche ich in naher Zukunft brechen könnte. Über das eine oder andere konnte ich staunen, vieles war mir auch überhaupt nicht bewusst. Das letztere liegt natürlich daran, dass ich gar als Leistungssportler schon immer im „Hier und jetzt" lebe und immer auf die jeweilige bevorstehende Aufgabe fokussiert bin. Trotzdem freue ich mich über die „Rekorde", weil sie vor allem Kontinuität widerspiegeln. Als ich zum ersten Mal Weltmeister wurde, habe ich gesagt, dass ich zeigen möchte, dass dieser Titel keine Eintagsfliege sei und daran habe ich jetzt vier Jahre lang gearbeitet – mit Erfolg, denke ich. In diese Zeit fallen weitere Weltmeistertitel, der Olympiasieg und eben vier Gesamtweltsiege. Der Sieg in Sochi ist natürlich etwas ganz besonderes, aber geht es um die sportliche Leistung, gibt es nichts, was höher zu bewerten ist, als ein Gesamtweltcupsieg, mit dem nachgewiesen wird, dass man nach einer ganzen Wintersaison der beste Sportler des Starterfeldes gewesen ist. Dies in vierfacher Folge geschafft zu haben, macht mich sehr stolz.

Dies umso mehr, weil ich nur zu gut weiß, dass man sich jeden einzelnen Weltcupsieg hart erkämpfen muss. Einige Beispiele hat diese Saison eindrucksvoll aufgezeigt. Als der junge Norweger Riiber schon deutlich in Führung und unmittelbar vor seinem ersten Weltcupsieg stand, bog er vor der Zielgeraden falsch ab, was ihm den Triumph kostete und mir den Tagessieg schenkte. Auch das Wahnsinnsrennen gegen Akito Watabe beim letzten Triple-Wettkampf in Seefeld, bei dem dieser mit 56 Sekunden Vorsprung vor mir in die Loipe ging und sich nach einem Sturz doch noch von mir überholen lassen musste.

Dass zwei sicher geglaubte Sieger zum Schluss noch strauchelten, zeigt die Unwägbarkeit eines jeden einzelnen Rennens – es wird einem nichts geschenkt, jeder Sieg ist ein wenig auf Blut, Schweiß und Tränen gebaut. Und manchmal braucht man auch ein wenig Glück!

Ich bin vor allem überglücklich, dass ich diesen Erfolg im Rahmen meiner Lebenssituation erlangen konnte, nämlich als Student in Mittweida und als frischgebackener, zweifacher Familienvater. Diese Entwicklungen mussten in der Vorbereitung auf die Saison entsprechend berücksichtigt werden, was manchmal dazu führte, dass ich mich gefragt habe, ob ich sportlich genug getan habe.

Die Antwort kenne ich jetzt.

Siege muss man auch feiern können

SKISPITZEN
Eric Frenzel

MEIN FREUND AKITO

Akito zeigt mit beiden Händen einen Winkel an und versucht mit den lustigsten japanischen Zischlauten, die wie ein tiefes „Tschautschitscho" klingen, seinen Aufprall bei dem Mountain-Bike-Sturz im Sommer zu beschreiben, der zu einem Mittelhandbruch führte. Die Verletzung und die sich anschließende Genesung samt Reha-Maßnahmen verhinderten seinen Besuch bei mir zu Hause in Flossenbürg, den wir in der letzten Wintersaison schon eifrig geplant hatten.

Akito, ja das ist Akito Watabe – mein Dauerkonkurrent der letzten Jahre, wenn es um den Gesamtweltcupsieg, um Weltmeistertitel und olympische Goldmedaillen ging. Ich kenne ihn seit gut elf Jahren, als wir uns bei einer Juniorenweltmeisterschaft zum ersten Mal trafen. Zwischen Akito und mir hat sich eine wundervolle Freundschaft abseits der Pisten und Schanzen entwickelt, die den größten Respekt vor der sportlichen Leistung des anderen einschließt. Der Höhepunkt dieser Freundschaft sollte nun ein Besuch mit seiner Frau im Sommer bei uns in Deutschland sein. Es gibt ja nur wenige Athleten im Weltcup, die bereits verheiratet sind. Dies war und ist aber auch nur eine Gemeinsamkeit, die wir in den Hotellobbies und Schanzenwarteräume dieser Welt in vielen Gesprächen entdeckten und die die Grundlagen für die Freundschaft wurden. Wesentlich später als geplant, sehe ich nach dem Saisonfinale des letzten Winters im Schanzenauslauf in Kuusamo Akito, umringt von Mannschaftskameraden und Trainern. Mit Vorfreude auf das bevorstehende Wiedersehen mit Akito hatte ich mir bei der Mannschaftsbesprechung am Abend vernommen, dass wir am nächsten Tag ein gemeinschaftliches Training mit den Japanern haben werden. Zwei Schreie und eine Umarmung, nachdem ich durch die Monate hinweg nur Mailnachrichten von ihm empfangen hatte und so über seinen Unfall und die damit verbundene Besuchsabsage unterrichtet wurde. Bevor wir mit dem Training starten, erklärt er mir gestern und wortreich seinen verhängnisvollen Mountain-Bike-Sturz.

Im gemeinschaftlichen Training schauen wir dann sehr konzentriert beim Springen des anderen zu. Zugegeben betrachtet man jetzt den Konkurrenten mit geschultem Blick, insbesondere Material und Technik und welche Weiten dabei herauskommen. Der Wind ist wie immer auf der Schanze in Kuusamo sehr tückisch, das bekommt man auch beim ersten Training zu spüren.

Eine kräftige Böe ergreift Akito, während ich im Schanzenauslauf auf ihn warte. Für einen Moment hat er in der Luft Schlagseite – aber gekonnt balanciert er den Windstoß aus und landet sicher. Ein entschlossener Blick von Akito: „No Tschautschitscho".

Wir atmen beide erleichtert auf und fahren mit dem Lift hoch, gemeinsam zum nächsten Sprung.

RUHETAG

„Guten Tag, für mich ist die Eric Frenzel-Suite gebucht." „Ja, warten Sie mal, ich schau mal gerade in den Computer, wie ist denn Ihr Name?" „Gestatten, Frenzel", versuche ich mich humorvoll in österreichischer Diktion vorzustellen, um dann aber gleich noch auf hochdeutsch hinterher zusagen: „Ich bin der Eric Frenzel."
Die junge Rezeptionistin des Hotels Gourmet in Seefeld schaut für Sekunden ungläubig, dann müssen wir beide lachen. Ja, es gibt Dinge im Leben, die hätte ich mir nie träumen lassen. Unser Mannschaftshotel in Seefeld, das uns jetzt schon seit Jahren Unterkunft beim Weltcup gewährt, hat nach meinem dritten Triple-Sieg eine Suite nach mir benannt. Tatsächlich handelt es sich um zwei Zimmer, die ich schon oft, auch im Sommer mit der Familie, bewohnt habe. Anlässlich der Widmung hat mich nun die Geschäftsführung auf dem Weg zum Trainingslager nach Italien eingeladen, um in der Suite die erste offizielle Übernachtung zu haben. Ich freue mich sehr über diese Idee des Hotels und letztlich über die Ehre, die mir durch eine solche Zimmerbenennung zuteil wird.
Das leichte Handgepäck für die eine Nacht ist schnell verstaut. Zeit, sich vor dem Abendessen noch ein wenig auszuruhen und nachzudenken. Die Weihnachtstage sind vor Augen, die Ruhe unterm Weihnachtsbaum im Kreise der Familie habe ich sehr genossen. Der geistige Blick geht auch in die unmittelbare Zukunft, auf die bevorstehenden Weltcups und die Weltmeisterschaft in Finnland.
Noch nie war eine Saison aus deutscher Sicht so spannend. Vier Deutsche führen den Gesamtweltcup an, alle Wettbewerbe wurden von unserem Team gewonnen. Für mich besonders beachtlich ist das Wiedererstarken meines Mannschaftskameraden Björn Kircheisen, der den vierten Platz des Gesamtrankings einnimmt. Eingekreist im Gesamtklassement bin ich von Johannes und Fabian. Was wie das Endergebnis einer deutschen Meisterschaft aussieht, ist der aktuelle Gesamtweltcupstand. Ich würde mich nicht wundern, wenn die ersten vier Plätze auch im Endstand vom German Ski Team gehalten würden. Ja, wir sind in Top-Form, die Stimmung ist genial und wir spornen uns gegenseitig an. Die Favoritenbürden für die Weltmeisterschaft werden von deutschen Schultern getragen.
Was ist nun wichtig?
Wir müssen weiter hart arbeiten und konzentriert zu Werke gehen. Nichts ist schlimmer, als mental einen Gang zurückzuschalten, im Bewusstsein der gegenwärtigen Stärke. Im Grunde versuche ich, die bereits durchlaufende Saison zu löschen und mich mit frischem Geist auf den immer zunächst anstehenden Wettkampf zu konzentrieren. Neben dem normalen Training baue ich immer wieder Entspannungseinheiten ein, in denen ich mit mir selbst ruhig werde: Yoga, progressive Muskelrelaxation, autogenes Training.

Eine Nacht in der Eric-Frenzel-Suite passt in dieses Stressbewältigungsprogramm außerordentlich gut und ist jedermann nur zu empfehlen.

Die Eric-Frenzel-Suite im Hotel „Zum Gourmet" in Seefeld 2016

FLUGGEFÜHLE

Ich sitze angeschnallt im Flugzeug. Die Triebwerke heulen auf, der Schub zum Starten presst mich leicht in den Sitz und ich schließe die Augen. Zeit, um das finnische Weltcupwochenende in Lahti Revue passieren zu lassen. Ein Sieg und ein zweiter Platz haben mir das Gelbe Trikot des Gesamtweltcupführenden beschert. Die wichtigste, damit zusammenhängende Erkenntnis ist jedoch, dass sich die Trainingslager in Italien, die das Springen im Fokus hatten, bezahlt gemacht haben. Intensiv haben wir an der Anfahrtshocke gearbeitet und am Absprung selbst. Was sich beim Intensivtraining abzeichnete, dass ich durch unentwegte Analyse eine Optimierung des Sprungs herbeiführte, konnte ich in Finnland im Wettkampf vollumfänglich bestätigen.

Meine weiten Sprünge sind wieder da! Am zweiten Wettkampftag konnte ich 130 Meter springen und hatte das Gefühl, der Flug hört nicht mehr auf.

Ich bin froh darüber, dass in der entscheidenden Phase der Weltcupsaison und vor dem Saisonhöhepunkt, der Weltmeisterschaft, meine alte Stärke auf der Schanze wieder da ist, die ich zum Saisonbeginn doch noch nicht optimal abrufen konnte. Weite Sprünge als Grundlage für erfolgreiche und siegreiche Wettkämpfe, dieses Instrument halte ich nun als Trumpf wieder in den Händen, was mit Blick auf die starke, deutsche Konkurrenz auch nötig ist.

In der Loipe zählen derzeit jeder Meter und jede Sekunde, wie man vor allem im zweiten Wettkampf des finnischen Weltcups in Lahti sehen konnte. Mit einer Fünfer-Gruppe als Lokomotive habe ich bewusst von Anfang an das Tempo konstant hoch gehalten, um den heranstürmenden Johannes Rydzek auf Distanz zu halten und um auch die Führungsgruppe mürbe zu laufen, was gut gelang. Den entscheidenden Angriff zur „Sprengung" der Gruppe konnte ich auf der selektiven Strecke bei einem langen Anstieg setzen. Bis auf Fabian Riessle, der diese Attacke mühelos mitgestaltete, waren die Mitstreiter abgeschüttelt. Jetzt entwickelte sich ein Zweikampf, wie er härter nicht sein konnte. Immer noch hielt ich aus Respekt vor Johannes das Tempo sehr hoch, was zugegebener Maßen viel Kraft kostete, aber den Sinn und Zweck erfüllte. Mein Gefühl sagte mir, dass ich innerlich für die Reststrecke die Kraft sammeln sollte, als Fabian beim Anstieg hart attackierte. In wenigen Sekunden war mir klar, dass ich diesmal meinen Mannschaftskameraden nicht halten konnte.

Was mir blieb, war, den zweiten Platz zu sichern und dadurch das „Gelbe Trikot" weiter zu tragen.
Es ist wohl die spannendste Weltcupsaison meiner Karriere. Gut, dass das Fluggefühl wieder zurück ist. Ich öffne die Augen kurz vor dem Bodenkontakt in München. Der Pilot setzt einen sauberen Telemark.

Auf zur nächsten Etappe!

BETTGESCHICHTEN

Der Wecker klingelt, das Ritual beginnt. Nachdem der dritte Ton verstummt ist, zähle ich im Geiste drei Sekunden ab, bevor ich das Geräusch höre, das dem Wecker folgt, wenn ich mir mit Björn Kircheisen, meinem langjährigen Mannschaftskameraden und Freund, das Doppelbett auf der Weltcupreise teile: Bomm!

Was sich je nach Bodenbelag und Deckenbeschaffenheit des Hotelzimmers wie der Faustschlag gegen eine Holzwand oder einem Auffahrunfall im dichten Stadtverkehr anhört, ist nichts anderes als der morgendliche Sprung von Björn aus dem Bett, der immer exakt nach dem dritten Klingeln des Weckers ertönt. Ich habe es ja noch nie gesehen, weil ich in diesem Moment erst erwache, aber es hört sich doch stark nach einem verunglückten Telemark an. Danach beginnt ein kurzer Dialog, den wir beide wie der Butler in Dinner for One langjährig verinnerlicht haben: „Guten Morgen Eric, wer geht zuerst ins Bad?" „Guten Morgen Björn, geh` Du ruhig zuerst, Du stehst ja schon!"

Wie jedes Mal, stelle ich den Alarm meines Weckers aus, drehe mich auf die Seite, denke halbschlafend über die Vorteile eines Einzelzimmers nach und vertraue darauf, dass ich spätestens dann wieder wach werde, wenn Björn aus dem Badezimmer tritt und mir mit einem kurzen, klaren und sehr lauten „Frei!" signalisiert, dass ich nun an der Reihe bin.

Das Aufstehen fällt mir im Ergebnis nicht schwer, als ich realisiere, dass es draußen herrlichsten Sonnenschein und einen blauen Himmel gibt. Ich möchte gar nicht den Eindruck erwecken, dass ich ein notorischer Langschläfer bin, aber ich achte darauf, ausreichend Schlaf und Ruhe zu bekommen, quasi als Gegenpol zu Wettkampf, Training und Reisen.
Vor allem nach strapaziösen Anreisen, wie der gestrigen, als wir von Flossenbürg nach Frankreich fast 1000 km mit dem Auto zu fahren hatten.
Obwohl unser Co-Trainer Ronny Ackermann am Steuer saß und uns ein wenig Fahrstress damit abgenommen hat, schlaucht einen das bloße Sitzen im Auto, und dies ja über Stunden. Spät in der Nacht waren wir dann in Frankreich angekommen und in einem solchen Fall bin über jede Minute froh, die ich im Bett länger ausruhen kann. Hier in Frankreich sind beste Schneebedingungen und das Wettkampfareal gefällt mir seit Jahren sehr gut. Die Loipenführung breitet sich in einer großen Ebene aus und wird vom Veranstalter jährlich anders entwickelt, was abwechslungsreich ist und so besonders neugierig und motiviert auf den Wettkampf macht. Auch die taktischen Planungen fallen auf einer gänzlich neuen Strecke magerer aus, als bei bekannten Führungen.

Ich freue mich auf das Wettkampfwochenende sehr, mit dem ich meine Position in der Gesamtweltcupwertung weiterausbauen möchte.

SCHWERSTARBEIT

Ein vierter Triple-Erfolg in Seefeld steht zu Buche! Was sich leicht anhört, war in Wahrheit ein großes Stück Arbeit, wie alle verständigen Zuschauer mitbekommen haben. Die drei Wettkämpfe von Seefeld waren eine große Werbung für unseren Sport. Packender hätte der Zweikampf um den Triple und die Gesamtweltcupführung zwischen Johannes Rydzek und mir nicht sein können. Verlor ich die ersten beiden Wettkämpfe auf der Zielgeraden hauchdünn im Sprint, stand am Sonntag der letzte Wettkampf an, mit zwei Sprüngen von der Schanze und 15-km-Lauf in der Loipe. Bei meinem ersten Sprung konnte ich nicht exakt von der Kante abspringen und verschenkte einige Meter, was mir rechnerisch einen 20-Sekunden-Rückstand auf Johannes Rydzek einbrachte. Trotz guten Sprungs im zweiten Durchgang gelang es mir nicht, diese Zeitdifferenz zu reduzieren. Für das Rennen ergab sich dann die Pole Position für Johannes und ein vierter Platz für mich mit dem benannten Abstand. Zwischen Johannes und mir lagen noch die Österreicher Gruber und Heidel. Damit war die Taktik klar – eine Aufgabe, wie aus dem Lehrbuch.

Ich wollte und musste von Anfang an das Tempo konstant hochhalten, was die Spitze anbelangte, während ich die Nebenaufgabe zu lösen hatte, mich mit den Österreichern so schnell wie denkbar zu verbünden, um einen kräftesparenden Zug aufzumachen. Das Einholen des Zweit-und Drittplazierten gelang sehr schnell, allerdings wollten die Kollegen aus dem Nachbarland mein hohes Tempo nicht mitgehen, was dazu führte, dass ich recht schnell wieder alleine in der Loipe war. Alle Blicke und Sinne richteten sich weiter nach vorne auf Johannes, auf den ich mit diesem hohen Tempo konsequent Boden gut machen konnte. Ende der dritten Runde sehe ich Johannes erstmals in der Loipe vor mir, was zusätzliche Kräfte frei macht. Ich sauge mich langsam an und hole ihn ein. Ausruhen steht nun nicht auf der Agenda. Ich halte mir die letzten beiden Zielsprints vor Augen und möchte keinesfalls riskieren, den Triple-Sieg auf den letzten Metern aus

Seefeld 2017: Nordic Combined Triple-Sieger

der Hand zu geben. Also geht es weiter mit dem mörderischen Tempo, mit ich mich bemühe, Johannes mürbe zu machen.

Wir sind in der 5. Runde und ich merke zum ersten Mal, dass Johannes Probleme hat und ein kleines Loch zwischen uns entsteht. Das ist der richtige Zeitpunkt zum Angriff. Ich verschärfe nochmals, um den Abstand zwischen uns größer werden zu lassen, was gelingt. Ich löse mich endgültig.

Die Rennentwicklung beflügelt mich. Ich habe mein viertes Triple vor Augen. Beim Zieleinlauf schaue ich nochmals zurück. Ich bin allein. Ich habe es geschafft. Der vierte Sieg in Folge. Ich bin glücklich.

TERRA INCOGNITA

Vier Stunden vor Abflug nach Asien treffen sich alle Athleten und Betreuer am Münchner Flughafen, um zusammen das Sperrgepäck zu packen. Jeder hat zwei bis drei große Taschen an der Hand mit Sprunganzügen, Helmen, Skiern und allem, was man eben so braucht für einen sportlichen Kurztrip nach Pyeongchang in Korea.

Im Team war lange diskutiert worden, ob wir angesichts der nahenden Weltmeisterschaft überhaupt nach Asien reisen sollten. Viele Nationen entsenden lediglich die B-Mannschaft und insgesamt werden nur 32 Starter in die koreanischen Wettkämpfe gehen.
Ich wollte unbedingt fliegen und war ein großer Verfechter für ein Antreten beim koreanischen Weltcup, der ja die olympische Generalprobe darstellt. Noch fand hier vorher kein Weltcup der Nordischen Kombinierer statt. Gespannt bin ich auf Land und Leute genauso wie auf die olympischen Anlagen. Ich möchte ein Gefühl für die dortigen Schanzen entwickeln, möchte das Wettkampfareal kennen lernen, will einfach wissen, wohin es geht, wenn ich daran gehe, meinen Olympiasieg zu verteidigen. Mit mir fliegen auch Fabian Riessle und Johannes Rydzek; gemeinsam werden wir aber nach Pyeongchang direkt wieder nach Hause fliegen, um dann mit der WM-Vorbereitung zu beginnen. Dass heißt, dass wir auf einen Start in Sapporo verzichten, obwohl das der beliebteste Weltcuport bei den Athleten ist.

Das gemeinsame Packen am Airport macht einen Heidenspaß und drängt die Strapazen, die vor uns liegen, ein wenig in den Hintergrund. Elf Stunden Flug nach Tokio, drei Stunden Aufenthalt, dann vier Stunden Weiterflug nach Seoul, weitere drei Stunden Bustransfer nach Pyeongchang.

Dann werden zwei weitere Wettkämpfe folgen, die im Hinblick auf die Gesamtweltcupwertung immens wichtig sind. Die derzeit meist gestellte Frage der Journalisten ist die nach dem Zweikampf mit Johannes Rydzek, bei der wir sie beide regelmäßig alle enttäuschen müssen: „Ja, die Stimmung im Team ist gut, jeder schaut auf sich, will seine beste Leistung abliefern, nach dem Wettkampf sitzen wir gemeinsam zusammen, man ist mehr Freund als Konkurrent."

In der Tat ist es so, dass die Staffel der Weltmeisterschaft als freudiges Ereignis miteinander diskutiert wird. Die tolle Teamleistung, die jetzt schon über die gesamte Saison hin anhält, wollen wir im Kampf um Staffelgold unbedingt bestätigen. Es scheint, als ob für alle dieser Wettkampf der Höhepunkt der Saison werden wird.

Alles ist verpackt und während die großen, sperrigen Pakete auf dem Weg ins Innere des Flugzeugs sind, gehen wir gut gelaunt zum Check-In. Wir fliegen in ein unbekanntes Land und freuen uns darauf.

FRAGEN UND ANTWORTEN

„Wie ich in Zukunft vermeiden möchte, im Fotofinish zu unterliegen? Was ich mir im Einlauf auf der Zielgeraden überlege, um Johannes Rydzek zu schlagen? Ob drei Fotofinish-Niederlagen in Folge bei mir eine psychische Blockade verankern?"

Das sind die Fragen, die nach wieder zwei packenden Zweikämpfen in Korea zwischen Johannes Rydzek und mir von Journalisten aufgeworfen werden. Im Stakkato beantwortet möchte ich sagen:

Ich spiele mit dem Gedanken, meine Skier um einen Zentimeter künstlich zu verlängern, um im Fotofinish mit einem halben Zentimeter die Nase vorn zu haben – nein, nein, das war natürlich ein Spaß! Es gibt kein Rezept, ein Fotofinish zu vermeiden, außer der Möglichkeit, ein Rennen auf der Strecke und nicht auf den letzten 100 Metern zu entscheiden. Das strebe ich aber von Natur aus an. Dass ich auf drei Wimpernschlag-Zieleinläufe zurückschauen muss, ist ein großer Zufall, den man nicht überbewerten sollte. Nach wie vor gilt, dass ich versuche, Entscheidungen während des Rennens herbeizuführen, wie in unserem letzten Rennen, als ich am letzten Anstieg attackiert habe, Johannes aber dem Angriff standhalten konnte.

Ich denke auch nicht auf der Zielgeraden; damit würde ich auf Anhieb Energie und Zeit verlieren. Auf der Zielgeraden funktioniert man nur noch körperlich bis – wie Johannes Rydzek es ausdrückte - einem „schwarz" vor Augen wird. Gedacht, intuitiv gefühlt wird auf der Strecke, während des Rennens, wo man versucht, die Kraftreserven seines Gegners einzuschätzen.

Psychisch setzen mir Fotofinish-Niederlagen auch nicht zu, da die Bestätigung einhergeht, dass man im Grunde gleichstark mit seinem Konkurrenten ist.

Die zwei wichtigsten zitierfähigen Erkenntnisse sind jedoch: es macht mir einen Heidenspaß in der jetzigen Situation im Weltcup gegen Johannes anzutreten. Es ist ein Kopf-an-Kopf-Rennen auf höchstem Niveau und damit eine große Werbung für unseren Sport. Oder wie es der Bundestrainer am Wochenende ausdrückte „die brutalste Show aller Zeiten". Zum anderen glaube ich, dass der Gesamtweltcup nicht in Fotofinishs entschieden wird. Wir kommen nun in das letzte Drittel der Saison, die gerade auch im Hinblick auf die packenden Zweikämpfe zwischen Johannes und mir für uns beide besonders kräftezehrend war. Es wird jetzt im Wesentlichen darum gehen, wer die Kräfte in den verbleibenden Saisonrennen besser mobilisieren kann. Das Weltcupwochenende in Sapporo auszulassen, ist eine kluge Entscheidung, was die allgemeine Regeneration anbelangt. Das Heimtrainingslager vor der Weltmeisterschaft ist vor allem zu nutzen, auf der Schanze zu arbeiten, um Sprünge zu optimieren. Jeder Meter mehr beim Springen ist besser als jede Hundertstel Sekunde auf der Zielgeraden.

Daran muss man nun mit kühlem Kopf arbeiten!

Mann gegen Mann – Zielsprint gegen Johannes Rydzek, Weltcup Pyeonchang 2017

UWV

„Papa, Schneeschippen" – mein 16 Monate alter Sohn Leopold hat die Grundzüge des Schneeschippens in der Einfahrt seiner Auffassung nach schon genauestens verstanden. Während ich den Weg zum Haus freischaufele, steht Leopold auf einem kleinen Schneehügel daneben und schippt von diesem mit einer kleinen Schaufel immer wieder Schnee auf den Weg, den ich eigentlich schon frei gemacht hatte.

„Nein, Leopold, nicht den Schnee wieder zurückschaufeln!". Mein Sohn ist unbeirrt und meint, mir auf diesem Wege den Schnee unentwegt zur Verfügung zu stellen, den ich wieder zu beseitigen habe.

Ich bin mitten in meiner UWV. Hinter diesem Kürzel, erfunden von unserem Bundestrainer Hermann Weinbuch, verbirgt sich ein Programm, das gezielt auf den Höhepunkt der Saison wirkt: Unmittelbare Wettkampfvorbereitung. Dies bedeutet im Einzelnen: aus ein paar Tagen Regeneration kommend, bauen wir unsere Leistungsfähigkeit noch mal von Grund auf. Ich genieße also alle Spielchen im Schnee mit meinem jüngsten Spross, bevor ich morgen daran gehe, mir den Feinschliff für die Weltmeisterschaft zu holen. Durch bestimmte Trainingssequenzen in der Loipe wird Spritzigkeit entwickelt, auch Kraft soll aufgebaut werden. Dies geschieht bevorzugt im Heimtraining, bevor wir uns nächste Woche in Oberstdorf zum WM-Lehrgang treffen, um dort vor allem an den Sprüngen zu arbeiten. Während das heimische Lauftraining für mich Alltag ist, bin ich sehr erpicht auf das Sprungtraining. Insbesondere werde ich meine Hocke in der Anfahrtsspur analysieren und hoffentlich optimieren Es geht vor allem um den Moment des Absprungs, bei dem ich in den letzten Wettkämpfen etwas spät dran war und so einige Meter Sprungweite verschenkt habe. In Ansehung der knappen Entscheidungen in der Loipe gegen und mit meinem Widersacher Johannes Rydzek, muss ich noch akribischer auf der Schanze arbeiten: es geht im Moment einfach um jeden Meter und damit um jede Sekunde, die man durch einen guten Sprung auf den Konkurrenten gut machen kann.

Ich bin vollkommen fokussiert auf die vier Wettbewerbe der Weltmeisterschaft in Lahti, die nicht wie in anderen Sportarten für die Weltcupwertung gelten. Das heißt, dass das dramatische Kopf-an-Kopf-Rennen um den Gesamtweltcup in eine kurze Pause geht, bevor nach der Weltmeisterschaft nur noch vier Weltcupstarts anstehen, darunter zwei Rennen in Schonach. Jetzt geht es gegenwärtig gedanklich nur noch um die WM, anlässlich derer wir uns alle unglaublich auf die Teamwettbewerbe freuen.

Der Countdown läuft, ich bin heiß auf die UWV und hoffe aus dieser gestärkt und gut vorbereitet hervorzugehen.

Flossenbürg 2017: Winterspaziergang mit Sohn Leopold

COUNTDOWN IN LAHTI

Die Anreise nach Lahti beginnt voller Vorfreude. Nach dem Take-off in München lasse ich bei geschlossenen Augen diese unglaubliche Saison nochmals Revue passieren. Nie habe ich einen härteren Zweikampf ausgefochten als in diesem Winter mit meinem Mannschaftskamerden Johannes Rydzek. Allein vier Rennen wurden im Fotofinish ausgewertet. Die Gesamtweltcupführung wechselte bisher zwischen uns im Wochentakt und jeder Wettkampf wurde von uns beiden so geführt als ob es keinen Morgen gäbe. Spektakulärer kann eine Saison nicht verlaufen und das ist gut für die Zuschauer und damit für unseren Sport. Auch aus gesamtdeutscher Sicht kann ein Weltcupwinter nicht besser verlaufen. 18 von 19 Weltcuprennen wurden mit einem deutschen Sieger beendet. Wir sind die klaren Favoriten auf Mannschaftsgold.

Wir landen in diesem Winter zum zweiten Mal in Helsinki, um dann über Land nach Lahti gefahren zu werden. Für mich persönlich ist es ein Novum, in einem Winter gleich zweimal an einen Austragungsort zu reisen, einmal zu einem Weltcup und danach zu einer Weltmeisterschaft.
Ich bin gerne in Lahti, vor allem wir Kombinierer sind in Finnland gerne gesehen. Nirgendwo mehr als hier gelten wir als Königsdisziplin des Winters, weil der Athlet eben zwei Sportarten beherrschen muss, nämlich Springen und Laufen.

Während der Busfahrt nähere ich mich langsam an die Weltmeisterschaft an. Der Weltcup macht Pause, auch zählen die WM-Ergebnisse nicht für die Gesamtweltcupwertung. Vier Wettkämpfe liegen vor mir, zwei Einzelwettbewerbe von großer und kleiner Schanze und dann noch zwei Teamwettbewerbe, darunter vor allem die Staffel. Bei der letzten Weltmeisterschaft war ich nicht in allerbester Form, gegenwärtig bin ich so stark, wie es mir nicht besser vorstellen kann.

Die Laufform stimmt und beim Vorbereitungslehrgang in Oberstdorf konnten die letzten Schwachstellen beim Springen abgestellt werden. Ich denke, dass sich Johannes und ich treu bleiben werden: im Kampf um die Medaillen wird es diesmal um wenige Meter und Hundertstel gehen.

Der Shuttle fährt vor den Hoteleingang.

Unsere Techniker, die im Truck schon vor zwei Tagen angekommen waren und Ausrüstung sowie Wachsequipment auf dem Land-und Schiffsweg nach Lahti gebracht haben, begrüßen uns. Auspacken und Einchecken - in einer halben Stunde ist Mannschaftsbesprechung, die Trainingszeiten werden bekannt gegeben sowie weitere organisatorische Vorgaben des Veranstalters und der FIS.
Abends im Bett bin ich müde vom Reisestress und aufgeregt zugleich angesichts der bevorstehenden Tage. Ich bin in Lahti, es ist Weltmeisterschaft, ich werde mein Bestes geben, ich möchte Weltmeister werden!

Weltmeisterschaft 2017 in Lahti – Rückzug ins Hotelzimmer

FAMILIENRITUALE

Alle sportlichen Vorbereitungen für den ersten Weltmeisterschafts-Wettbewerb in Lahti sind abgeschlossen. Morgen früh startet der erste Wettkampf um Gold und Titel. Während ich die letzten Stunden vor dem ersten Sprung entspannt im Hotel verbringe, durchlebt gerade meine Familie den gewöhnlichen Anreisestress. Meine Eltern, Laura und Philipp sowie weitere Verwandte und Bekannte befinden sich auf dem Weg nach Prag zur Abendmaschine, die nach Helsinki fliegen wird, um mich als WM-Reisegruppe morgen an der Schanze und an der Loipe zu unterstützen. Standort der Gruppe wird das Hotel „Cumulus" in Helsinki sein; zu den Wettbewerben werden alle mit Mietautos nach Lahti reisen, ansonsten werden sich meine Lieben in der finnischen Kapitale ganz touristisch geben.

Die Unterstützung meiner Familie ist für mich ein wichtiger Faktor beim Wettkampf; in der Loipe steht mein Sohn Philipp immer an einem bestimmten Punkt, damit ich sein Winken mit dem Fähnchen auch gut sehen kann. An der Schanze steht er möglichst weit oben, damit er mich während des Fluges mit einem langen „Papa, ziiiiieh!" an sich vorbeigleiten sieht. Die einzelne Stimme meines zehnjährigen Sohnes kann ich natürlich während des Sprungs nicht wahrnehmen, doch nehme ich symbolisch das tausendfache Anfeuern der Fans als eine, nämlich seine Stimme und diese Vorstellung motiviert mich sehr.

Während Philipp mit Fähnchen und kleiner Trompete unterstützt, üben sich die erwachsenen Familienmitglieder in einem anderen Ritual, das mittlerweile auch in den Medien bekannt geworden ist und das ich an dieser Stelle schmunzelnd bestätigen kann. In der Tat ist es so, dass meine Familie beim Springen den sogenannten „Balken-Schnaps" miteinander trinkt. Während ich auf dem Balken sitze und auf das Abwinken des Trainers warte, macht sich die Gruppe bereit und setzt ihrerseits kollektiv das Schnapsgläschen an. Erfolgt das Signal zum Anfahren wird von den Teilnehmern dieser schnapsseligen Runde das Gläschen geleert und mit dem Ruf „Viel Glück, Eric" mein Tun auf der Schanze beobachtet. Der jeweilige Inhalt in den Gläsern wird dabei durchaus in Beziehung zu meiner Leistung gesetzt. Nach allen familieninternen Auswertungen springe ich bei Enzian im Stamperl ein bis zwei Meter weiter als bei Vogelbeere oder Marillenbrand. Weite und perfekter Telemark sollen angeblich beim Trinken eines „Hirschkusses" gelingen. Ich konzentriere mich natürlich auf meine Fähigkeiten und bin ansonsten froh, dass im Einzelwettbewerb immer nur ein Springen stattfindet und sich damit der Konsum der beschriebenen Getränke für meine Anhänger ganz von allein beschränkt.

Das schönste Ritual ist für mich natürlich, wenn mein Sohn bei nicht so gestrengen Ordnern in den Auslauf darf, um mich für die gezeigte Leistung zu beglückwünschen. Ich hoffe, dass es hierzu morgen einen Anlass gibt.

Interne Familienbesprechung mit Sohn Philipp nach dem Springen Einzel Normalschanze – Weltmeisterschaft 2017 Lahti

WIR SIND WELTMEISTER!

Nach getaner Arbeit stehen wir im Schneeregen von Lahti und schreien unsere Freude vor den laufenden Kameras heraus: Wir sind Weltmeister! Wir haben unseren Titel in der Staffel der Nordischen Kombination verteidigt, nachdem wir bei der letzten Weltmeisterschaft eine 27jährige Titellosigkeit beendet hatten.

Es war ein Bilderbuchwettkampf, bei dem Nervosität oder Druck bei uns allen nicht existierte. Schon im Springen konnten wir unsere PS auf die Straße bringen und unserer Favoritenrolle, die wir nach dieser für das deutsche Team so überragenden Saison zweifellos inne hatten, mühelos gerecht werden. Gute Weiten von Johannes, Björn, Fabian und mir bewirkten für das Rennen einen Vorsprung von 44 Sekunden auf Japan und Minutenabstände auf die Norweger und die Österreicher.

In der Mittagspause erfolgte dann die taktische Besprechung mit dem Bundestrainer. Was mussten wir im Blick haben? Vor allem die schlechten Wetterbedingungen mit Neuschnee und die laufstarken Nationen Norwegen und Österreich, die wohl einen Zug aufmachen würden, um uns Sekunde für Sekunde abzunehmen. Die Vorgabe an uns war also, das Grundtempo von Anfang an, so wie denkbar zu halten.

Björn Kircheisen machte den Anfang und er machte auch von Anfang an klar, dass er keine einzige Sekunde auf die Verfolger verlieren wollte.

Lahti 2017: Wir sind Weltmeister! Eric Frenzel, Fabian Rießle, Björn Kircheisen und Johannes Rydzek (v.l.n.r)

Die Motivation für ihn war prägender wie sie nicht anders sein konnte. Nach elf WM-Medaillen in seiner Karriere wollte er zum ersten Mal eine goldene gewinnen. Nie war die Chance dafür größer gewesen als an diesem Nachmittag. Die Übergabe erfolgte dann an mich, der sich mit dem Norweger Kokslien auseinandersetzen musste. Wenn es in dem gesamten Staffelrennen eine Situation gab, die von uns Wachsamkeit erforderte, war sie jetzt gekommen. Kokslien und der Österreicher Bernhard Gruber hatten sich wie erwartet zusammengeschlossen und machten ordentlich Geschwindigkeit. Nach einem Anstieg bekam ich vom Bundestrainer die Information, dass der Vorsprung auf die beiden Verfolger nur noch eine halbe Minute betrug und dass sie damit den deutschen Vorsprung vom Start bei noch nicht mal der Hälfte der Strecke halbiert hatten. Jetzt war Alarm in der Loipe. Ich setzte zu einem längeren Zwischenspurt an und konnte relativ schnell wieder Zeit und damit Distanz zwischen uns bringen. 50 Sekunden Vorsprung konnte ich im Ziel an Fabian übergeben, der diesen auch wieder an Johannes weiterreichen konnte. In dem Moment der Übergabe an unseren Schlussläufer wusste ich, dass uns der Sieg nicht mehr genommen werden konnte, wenn nicht noch etwas Außergewöhnliches wie ein Stockbruch oder ein Sturz passieren würde.

Der entscheidende Schritt über die Ziellinie wurde von uns mit großem Jubel quittiert: Wir haben es geschafft und sind sehr glücklich darüber.

WINDLOTTERIE

Diesmal hat es uns Deutsche richtig erwischt, obwohl das Rennen von Johannes Rydzek sogar noch gewonnen werden konnte. Es war Windlotterie und wir waren nicht in der Verlosung. Als Zuschauer kann man am Fernsehgerät die Dinge trotz der Anzeige von Windsimulationen an der Schanze nicht richtig einschätzen. Es war beim Wettkampf von der großen Schanze schlimmer als es aussah. Das Problem der Windsysteme ist, dass sie nicht differenziert genug anzeigen. Kommt der Wind frontal von vorne, so wird Aufwind angezeigt, was natürlich für jeden Springer das Ideale ist. Kommt der Wind dagegen mit einem Winkel von 80 Grad seitlich, so zeigt das System den gleichen Aufwind an, wie beim frontalen Windstoß. Erst wenn der Wind über einen Winkel mit 90 Grad dreht, wird der Rückenwind angezeigt, bei dem man eben nicht abgewunken wird und man sogar eher wieder den Sitzbalken verlassen muss.

So lagen die Dinge für uns Deutsche gestern: der Wind drehte ständig; trotz einer Aufwindanzeige kam der Wind so stark von der Seite, dass er sich im Flug wie ein Rückenwind auswirkte, der uns schnell nach unten drückte. Aller innerer Protest konnte daran nichts ändern. Wir betreiben eine Freiluftsportart und das haben wir gestern zu spüren bekommen. Umso bitterer, wenn man in der Analyse vor dem Bildschirm sehen muss, dass man im Grunde einen idealen Sprung hingelegt hatte. Mein persönliches Ergebnis mit dem 14. Platz nach dem Springen war natürlich frustrierend. Im Lauf konnte ich eigentlich nur das retten, was zu retten war. Die Wahrheit ist zumutbar: es muss auch mal Tage ohne Medaille geben.

Dafür sehen wir auf den vor uns liegenden Team-Wettkampf, in dem ich mit Johannes Rydzek an den Start gehen werde, voller Erwartung. Als Nummer eins und Nummer zwei der Gesamtweltcupwertung gehen wir an den Start und müssen uns der Favoritenrolle fügen, in die uns die anderen Nationen stecken.

Doch wie beim Wettkampf von der großen Schanze gesehen, gibt es viele Väter des Erfolgs; einer davon liegt in ordentlichen Rahmenbedingungen.

Vor dem letzten Wettkampf der Kombinierer und der damit verbundenen letzten Medaillenchance lassen wir es im Mannschaftsquartier ruhig angehen. Regenerative Maßnahmen stehen auf dem Programm und die sehen bei jedem etwas anders aus. Ich gehe zur Massage, machte leichtes Jogging im Schnee und lese etwas.

Ich möchte einen guten Team-Wettkampf mit Johannes machen und wir beide wollen um die Vergabe des Weltmeistertitels ein Wörtchen mitreden.

Lahti, Weltmeisterschaft 2017: Zwischenstand nach dem Springen

GOLD-DRAMA

Ja, es war zum Schluss nochmal Drama pur, was im abschließenden Teamsprint passierte. Johannes und ich erwischten wieder mal nicht die besten Bedingungen beim Springen und konnten dementsprechend auch nicht mit den besten Weiten aufwarten. 16 Sekunden Rückstand in der Loipe auf Frankreich waren dabei nicht das ernsthafteste Problem, das es nun in der Loipe zu lösen galt. Viel besorgniserregender waren die Szenarien, in denen wir durchspielten, was geschehen muss, wenn es im Rennen zu Zusammenschlüssen mit laufstarken Nationen kommt - und es kam so.

In der Loipe fand sich recht schnell eine Fünfergruppe zusammen, die stabil blieb und die vom taktischen Laufen bestimmt war. Keiner wollte vorschnell attackieren und so wechselte man sich bei ordentlicher Laufgeschwindigkeit brav mit der Führungsarbeit ab. Ich hatte stets Magnus Moan dabei im Blick, der mir mit als der laufstärkste Athlet galt, aber auch als der angriffslustigste. Magnus kann ein Kannibale in der Loipe sein und so heftete ich mich im Pulk genau an seine Skier, um sofort reagieren zu können, wenn der Angriff kommen sollte.

Und dieser Angriff kam. Anstieg auf der vorletzten Runde. Magnus schaut sich kurz um, um offensichtlich die Kräfte der anderen einzuschätzen: ein Alarmsignal für mich. Im gleichen Moment kommt auch schon die Attacke. Wenn wir Gold wollen, müssen wir jetzt dranbleiben. Moan sprengt die Gruppe, die anderen Läufer müssen abreißen lassen und ich, ja ich kann dranbleiben. Das Tempo wird wieder kontrollierter und wir haben eine Phase des ruhigen Zweikampfs. Ich beschäftige mich in Gedanken mit dem letzten Wechsel auf Johannes: Cool bleiben, richtig abschlagen und meinen Teamkollegen auf die letzte Runde schicken. Beim Wechsel sind Norwegen und Deutschland gleichauf. Ich habe ehrlich gesagt ein gutes Gefühl, weil ich vor allem um die Sprintfähigkeiten meines weltmeisterlichen Kollegen weiß. Doch manchmal passieren ungeahnte Dinge.

In der letzen Kurve, bei der alle schon gedanklich beim Zielsprint waren, stellt sich ein überrundeter Athlet als Hindernis dar. Für die beiden Führenden muss dieser Läufer wie aus dem Nichts aufgetaucht sein, nachdem sie die letzte Kurve durchlaufen hatten. Johannes reagierte mit einem gewagten Überholmanöver. Der Norweger Krog reizte den Zweikampf nicht aus, der wohl zu einem Sturz des Führungs-Duos geführt hätte. Ab da zog Johannes bis zum Ziel kraftvoll durch und konnte mit einem Schrei in den finnischen Abendhimmel den Sieg für uns bejubeln.

Gold für Deutschland - und das zum vierten Mal im vierten Wettbewerb. Das Team hat bei dieser Weltmeisterschaft Historisches geleistet. Wir werden ein paar Tage brauchen, um das, was in Finnland passiert ist, zu verinnerlichen.

Weltmeisterschaft 2017 in Lahti: Team Gold mit Johannes Rydzek (l.)

EHRFURCHT

Ich öffne das Fenster, aus dem Hotelzimmer geht der Blick hinauf zum Holmenkollen, dem heiligen Skiberg der Norweger. Wenn ein Ort im Weltcup einen Mythos darstellt, dann ist es dieser Berg, zu dem die wintersport- und skibegeisterten Norweger nur allzu gerne pilgern, unabhängig davon, ob die Skispringer, die Kombinierer oder die Biathleten gastieren.

Ich liebe diese Anlage, ich liebe Norwegen und ich liebe das norwegische Publikum; die Anlage ist fortlaufend durch die Jahre hinweg immer wieder modernisiert worden und lässt in punkto Komfort für Athleten keinen Wunsch offen. Landschaftlich einmalig thronen die Schanze und das Langlaufareal hoch über Norwegens Hauptstadt. Während die deutsche Mannschaft am Fuße dieser Anlage immer ein Hotel hatte, übernachten wir nun unten in der Stadt, am Wasser mit besagtem Blick bergauf.

Ehrfürchtig lässt man sich durch den Kopf gehen, welche historischen Siege hier schon am Holmenkollen gefeiert worden sind. Ein Sieg am Holmenkollen ist für viele Athleten gleichbedeutend mit einem Weltmeistertitel oder einer olympischen Goldmedaille. Vielleicht braucht es auch jetzt diesen Spirit, wenn wir am Ende einer langen und kräftezehrenden Saison auf die Zielgerade gehen, auch wenn das Ziel der Gewinn des Gesamtweltcups darstellt. Die Ausgangssituation ist leicht vorteilhaft für Johannes Rydzek, aber die letzten vier Wettkämpfe, zwei auf norwegischem und zwei auf deutschem Boden, werden für uns beide kein Zuckerschlecken werden. Es ist eine mentale Ausnahmesituation, in der man sich befindet. Der Gejagte kann leicht nervös werden, wenn er daran denkt, den Vorsprung vielleicht doch noch aus der Hand geben zu müssen, der Jäger ebenso, wenn er sich bewusst macht, dass er sich keine Fehltritte leisten darf. Es ist spannend und Spannung liegt auch über dem jetzigen Weltcuport, dem Holmenkollen.

Ich habe die Tage nach der Weltmeisterschaft gut regeneriert, bin wieder frisch im Kopf und hochmotiviert, wenn es um die große Kugel geht. Leichtes Training unter meinem Heimtrainer und Stunden mit meiner Familie haben mir richtig gut getan.

Mit dem Blick auf den Holmenkollen rückt die historische Situation des gegenwärtigen Weltcups in den Blick. Reißt meine Siegesserie oder schaffe ich es, den fünften Gesamtweltcupsieg zu erringen.

Die Erfolge unseres Teams werden zu einem Kuriosum führen. Samstag werden wir nach dem Wettkampf von Oslo nach Frankfurt fliegen, um im Aktuellen Sportstudio aufzutreten. Sonntag reisen wir dann wieder nach Trondheim an, was meinem Tunnelblick nicht im Weg stehen werden wird.

Ich bin konzentriert und habe vier ganz entscheidende Wettkämpfe vor mir, den ersten hier auf dem Holmenkollen.

Weltcup 2017 in Oslo – Holmenkollen in der Abendsonne

Schonach, Weltcupfinale 2017: Gesamtweltcupsieg vor heimischen Publikum

UNENDLICHES GLÜCK

Es war in Ansehung des gesamten Saisonverlaufs der schwersterrungene Sieg hinsichtlich der großen Kugel und es gab in den letzten zwei Wochen schon einige Momente, in denen ich zweifeln konnte, ob ich am Saisonende tatsächlich meinen großen Traum umsetzen könnte. Drei Wettkämpfe vor Saisonschluss lag ich hinter Johannes Rydzek, der den Winter seines Lebens erleben konnte und der ein ebenbürtiger Gegner beim Kampf um die große Kugel war. Drei Rennen verblieben nur noch, um das Ruder wieder an mich zu reißen. Dass im Ergebnis drei Siege heraussprangen, hätte ich mir in meinen kühnsten Träumen nicht vorstellen können. Das letzte Rennen in Schonach vor heimischen Publikum war dann in der Tat das erträumte Finale, das dramatischer nicht hätte verlaufen können, nachdem ich einen schlechten Sprung von der Schanze hatte und Johannes vor mir in die Loipe ging.

Laufen mit Rechenschieber? Nein, das ist nicht meine Art, ich wollte kämpfen und so viele Plätze im Rennen wie möglich gut machen, damit ich meinen hauchdünnen Vorsprung im Gesamtweltcup halten konnte. Die weiße Loipe inmitten grüner Wiesen war äußerst schwierig zu laufen, da die hohen Temperaturen die Strecke natürlich weich und tief machten. Showdown bei Frühlingsanfang: Johannes lief vorne weg und die Meute mit mir hinterher. Ich hatte einen guten Ski erwischt und auch mein Körper insgesamt war auf Angriff gepolt. Platz für Platz konnte ich abarbeiten und mich schlussendlich sogar von der Verfolgergruppe lösen, was Platz zwei im Rennen bedeutete, was ja für den Gesamtweltcup ausreichend war; doch ich wollte mich darauf nicht ausruhen, denn ich merkte, dass ich den Abstand auf Johannes auch weiterhin verringern konnte.

Konnte es sein, dass die Kraft noch für den Tagessieg da war? Mir schossen alle möglichen Gedanken durch den Kopf, auch die vier knappen Sprint – und Fotofinishentscheidungen, die ich gegen Johannes verloren hatte und die mich trotz Hundertstelentscheidungen ganze 80 Punkte in der Weltcupwertung gekostet hatten. Jetzt konnte ich Johannes vor mir sehen und ich erkannte auch, dass er schwer lief. Eine bekannte Rennsituation, die den Verfolger grundsätzlich nochmal mehr beflügelt – und dies war auch bei mir der Fall! Ich holte Johannes ein und hielt zugleich die Grundgeschwindigkeit hoch. Ich merkte, dass ich derjenige war, der heute mehr Körner hatte.

Meter für Meter entstand zwischen uns, bis die Gewissheit des Tagessiegs da war. Im Ziele hätte ich gerne die ganze Welt umarmt: die große Kugel war wieder bei mir!

SKISPITZEN
Eric Frenzel

WELTCUPSAISON 2017/2018

SONNENGRÜSSE AUS APULIEN

„Paaaapppaaaaa, nicht so!" – Leopold fuchtelt wild mit seinen Armen und schreit seine Missbilligung heraus. Zum wiederholten Male ist es mir - trotz klarer Anweisungen meines Sohnes - nicht gelungen, die Wasserrutsche in der Skisprunghocke herunterzufahren; statt dessen hat es mich wie auch schon bei meinen vorherigen Versuchen, nach ungefähr 60 cm „verrissen". Auch dass ich die Gesamtperformance noch zu retten versuchte, indem ich – wie ich fand - galant noch in den Kopfsprung wechselte, lässt meinen Sohn nicht zufriedener werden. Er ist enttäuscht, dass ich eine Wasserrutsche nicht so beherrsche wie eine Skisprungschanze...

Wir sind in Ugento, in Apulien, in Süditalien und tanken Sonne, Sonne, Sonne und das mit der ganzen Familie. Einmal im Jahr laden die Deutsche Sporthilfe und ihre Partner Spitzensportler ein; unter dem Titel „Champion des Jahres" werden Weltmeister und Olympiasieger aller nur denkbaren Sportarten eine Woche in einen Ferienclub eingeladen, um sie für Titel und Medaillen zu belohnen. So sitzen wir hier am Absatz des italienischen Stiefels mit Kugelstoßern, Snowboardern und Kanuten am Frühstückstisch zusammen und unterhalten uns vor allem über den Sport. Wie schafft man es, eine Skisprungschanze herunter zu fahren? Wie dreht man sich mit einem Kanu nicht im Kreis? Wie gestaltet sich beim Ringen die Punkteregelung – das sind die FAQ`s beim Frühstück, bevor es mit Animateuren ein tägliches „Spiel ohne Grenzen" gibt, bei dem sich Spitzenathleten mit den lustigsten Aufgabenstellungen konfrontiert sehen und dabei natürlich eine Menge Spaß haben. Ich genieße diese Zeit hier in Italien sehr, nachdem die erste Vorbereitungsphase für die neue und so wichtige Wintersportsaison mit den Olympischen Spielen als Höhepunkt abgeschlossen ist. In der Folgezeit wird das Springen im Fokus stehen und wir werden im Herbst dazu auf den unterschiedlichsten Schanzen trainieren. Einen kleinen Vorgeschmack auf das, was mir mit der täglichen, sehr kleinteiligen Trainingsarbeit an der Schanze bevorsteht, bekomme ich aber heute schon in Apulien zu spüren: ich stehe auf der größten Wasserrutsche und begebe mich in die Abfahrtshocke; vorher hatte ich quasi mit Leopold als Trainer und Wettkampfrichter in Personalunion eine Besprechung, in der er mir klar machte, dass ein Wasserrutschensprung nur mit Telemark beendet werden dürfte. Doch dazu kommt es nicht, weil ich wiederholt auf dem ersten Meter wegrutsche... „Paaaapppaa nicht so!" tönt es durch die ganze Anlage und meine Sportlerkollegen schauen schmunzelnd zu mir herüber. Mit den härtesten Trainern wird man die schönsten Erfolge feiern.

Also klettere ich die Leiter der Rutsche wieder hoch und probiere es nochmal...

SCHUHFIEBER

Seit unserem Kurzurlaub in Italien beim „Club der Besten", den ich mit meiner Frau, Leopold und Emma, aber auch mit vielen Sport-und Mannschaftskameraden verbracht habe, gibt es bei uns zu Hause derzeit nur noch ein Thema: Schuhe!!!

Wer jetzt aber glaubt, dass meine Frau in Apulien vom Schuhvirus italienischer Frauen infiziert wurde oder dass sie gar im Handgepäck die Produkte einschlägiger, italienischer Manufakturen mit nach Hause gebracht hat, der irrt gewaltig. Nein - über Schuhe macht sich bei uns im Moment nur einer Gedanken und das bin ich selbst. Ja, richtig, ich bin regelrecht im Schuhfieber, wie übrigens jedes Jahr im Oktober. Dabei mache ich mir jedoch weder über High Heels noch über Farben meine Gedanken, nein ich denke darüber nach, welche Skistiefel ich konkret auf den Schanzen in der vor uns liegenden Weltcupsaison tragen werde und dabei sind andere Parameter entscheidend als die Farbwahl. Dem Springschuh kommt eine immense Bedeutung zu; er transportiert sozusagen die Befehle des Kopfes über die Füße auf den Sprungski. Sind die Schuhe zu hart, ist man in diesem Transferprozess behindert und die Skier sind schlecht steuerbar; sind die Schuhe zu weich, kann man schnell wie bei einer Servolenkung im Auto übersteuern. Deshalb muss man sich mit der Schuhwahl intensiv beschäftigen. Und nach dem man diese getroffen hat, müssen die ausgewählten Schuhe auch eingesprungen werden, denn auch die gewählten, neuen Schuhe weisen am Anfang eine nicht gewünschte Härte aus, die erst nach und nach durch die Anzahl der Sprünge schwindet. Zugleich sind mehrere Paare an Skischuhen einzuspringen, denn ein Schuh kann auch schnell mal durch die Belastungen, denen er ausgesetzt ist, kaputt gehen. Würde man dann auf nagelneue Schuhe in der laufenden Saison zurückgreifen, hätte man beim Springen ein nicht zu kleines Problem.

Deshalb sitze ich in unserem Wohnzimmer im Schneidersitz zwischen allen Schuhkartons, prüfe mechanisch die Ausgangsflexibilität der jeweiligen Schuhe und habe bisweilen auch die Qual der Wahl.

Vier bis sechs Schuhpaare werde ich zu den anstehenden Sprunglehrgängen mitnehmen, um die Tests in der unmittelbaren Anwendung zu vertiefen.

Wir befinden uns nun also in der Phase der Auswahl des Equipments, die immer im Oktober liegt, bevor es dann zu den Trainingslagern auf die Schanzen und in die Loipen mit der ersten Schneeberührung geht.

Die Planungen für diese Lehrgänge sind bei den Bundestrainern im vollen Gange, während ich wählerisch zwischen all diesen Schuhen sitze.

Flossenbürg 2017, Materialvergleiche im „stillen Kämmerlein"

ALLE JAHRE WIEDER

„Das Weltcupfinale bei euch war ja unheimlich spannend!" "Hallo, Eric, war die Böe beim Sprung in Kuusamo wirklich so stark?" „Na, mein Lieber, schon wieder die große Kristallkugel abgestaubt?!" - solche Sätze hört man bei uns Wintersportlern nur einmal im Jahr, bei der sogenannten Einkleidung, an der alle Athleten- Skispringer, Biathleten, Kombinierer und die Alpinen – zwei Tage an einem Ort weilen, um die offizielle Wettkampfkleidung für den nächsten Winter überreicht zu bekommen und bei der sie ohne Entschuldigung und wichtigen Grund nicht fehlen dürfen.

Zumeist wird eine riesige Lagerhalle angemietet, in der Stationen gebildet werden, für Socken, Brillen, Helme, Jacken und alles andere, was man in einer langen Wintersaison so braucht. Dann kommen die Athleten und werden im wahrsten Sinne des Wortes „eingekleidet"; die wenigsten Mitstreiter verlassen sich blind auf die überreichten Pakete, sondern schlüpfen auch schon mal vor dem Standpersonal in die Textilien, um im Falle des einen oder anderen Fehlmaßes gleich an Ort und Stelle Abhilfe zu schaffen.

Das Treiben in einer solchen Halle gleicht einer Mischung aus Markttreiben und 30jährigem Klassentreffen. Biathleten, Alpine und Kombinierer sehen sich zum Beispiel in einer normalen Wintersportsaison nicht ein einziges Mal bei Wettkampfwochenenden, da die Weltcups der Einzelsportarten parallel durch die ganze Welt hinweg organisiert sind. So bekommt man die großen und die kleinen Geschichten der anderen Sportler nur im Fernsehen mit, was im Ergebnis bei besagter Einkleidung dazu führt, dass man sich mit Begeisterung über Vorkommnisse unterhält, die schon vor sieben Monaten stattgefunden haben, nämlich in der letzten Wintersportsaison! Elemente des Laufstegs und komödienhafte Einlagen sind selbstverständlich auch auf der Tagesordnung. Mannschaftskollegen wundern sich, warum ihre Hosen so kurz sind, bis sie merken, dass sie das Paket vom Frenzel aufgerissen haben. Wenn man erst mal so viele Einkleidungen wie ich absolviert hat, lässt man sich selbstredend weder durch zu lange Hosen noch durch zu kurze Socken aus der Ruhe bringen und durchläuft die Stationen mit großer Gelassenheit und freut sich vielmehr auf die Unmengen von „Small Talks", die nicht nur mit anderen Wintersportlern, sondern auch mit Funktionären und Journalisten gehalten werden. Garniert wird das große „An-und Ausziehen" durch feinstes Catering, dem in der Regel keiner widerstehen kann. Es soll schon Fälle gegeben haben, in denen das legendäre „Einkleidungs-Buffet" dazu geführt hat, dass sogleich in der darauffolgenden Woche die Jacken von der Größe her wieder getauscht werden mussten.

Alle Jahre wieder, im Oktober – nächste Woche ist Saisoneinkleidung.

Impression einer Saison-Einkleidung des Deutschen Skiverbands 2017

SENIORENTELLER AUF ITALIENISCH

Björn Kircheisen und ich steuern auf unseren Lieblingsitaliener zu; wir wollen einen Sieg feiern, den wir lange geplant hatten und heute mit einer mustergültigen taktischen Leistung auch erreicht haben. Deutscher Meister im Teamsprint, ein Titel, der gut zu unseren Weltmeistertiteln und Olympiasiegen passt und der mindestens ebenso hart errungen wurde.

„Es war ein Sieg des Alters und der Reife" versucht Björn möglichst philosophisch zu formulieren, wohl auch in Ansehung, dass wir die Schwelle zum „Cicero" überschreiten und nun einfach mal etwas Staatstragendes her muss. In der Tat aber war unser Sieg ein kleiner Triumph der Alten über die Jungen, waren wir doch tatsächlich das Tandem, das die meisten Jahre zusammen auf die Skier brachte und das lag nicht nur am Methusalem der Mannschaft, Björn Kircheisen. Ich nutze die Siegerlaune von Björn und seinen Übermut aus und schiebe ihm noch eine kleine Wette unter, bevor wir endlich an unserem Stammtisch sitzen. „Wer am besten auf Italienisch bestellen kann, der ist vom anderen eingeladen." Björn schlägt sofort ein, da er im Bewusstsein lebt, nach gefühlten zwanzig Weltcups in Predazzo solide Kenntnisse im Italienischen zu haben. Mit einem überschwänglichen „Ragazzi!" begrüßt uns der Wirt und ich zische Björn zu, dass ich einen Seniorenteller bestellen möchte. Treffer!

„Come si dice in Italiano-Seniorenteller?" fängt Björn an zu sinieren, um mit der Antwort Zeit zu gewinnen und den Wirt zu animieren, voreilig zu antworten, damit er selbst um die Antwort herumkommt. Doch bevor dieser Anstalten macht, uns zu zeigen, wie gut er Deutsch ins Italienische übersetzen kann, blubbert es aus Björn schon heraus: „mezza cartuccia!" Mit meinem Blackberry und dem Translationsservice verstehe ich sofort, warum der Wirt etwas reserviert schaut. „Mezza cartuccia" ist die Übersetzung von „halbe Portion", aber gemeint als Metapher, was der der schmale Italiener eindeutig in den falschen Hals zu bekommen scheint. Björn versucht, die Situation zu retten und meint, wir bestellen erst mal das Wasser.

Diese Vorlage verwandele ich sicher und bestelle per me una aqua minerale. Zwar habe ich nur fünfzehn gefühlte Auftritte in Predazzo, aber offensichtlich reicht das hier, um auch an diesem Tisch die Nase vorne zu haben. Björn zückt sein Smartphone, um sich mit dem elektronischen Wörterbuch zu bewaffnen. Seniorenteller auf Italienisch? – Sorry, no translations found! „Kein Problem, zwei Seniorenteller, ich habe schon verstanden", erklärt nun der schmale Italiener.

Zufrieden lehne ich mich zurück und freue mich, heute Abend eingeladen zu werden.

Klingenthal, Deutsche Meisterschaft 2017: Teamsprintsieger mit Björn Kircheisen

ACHTSCHANZENTOURNEE

Es wird Winter. Die Vorbereitungen auf die nächste Saison sind so weit vorangeschritten, dass wir bereits in unseren alljährlichen Wettkampfsimulationen sind. Innerhalb von zwölf Tagen sind wir zu fünf Orten angereist, um auf sieben verschiedenen Schanzen Wettkämpfe durchzuführen. Wir simulieren den Weltcup und die damit verbundenen Anforderungen: 15 Sportler, acht Betreuer, 1000 km im eigenen Auto gefahrene Kilometer, Check-In, Koffer auspacken, Arealbesichtigung, volle Konzentration auf den Schanzen, Probesprünge, Wettkämpfe, Koffer packen, Check out.

Klingenthal, Oberhof, Oberstdorf, Innsbruck, Garmisch standen als Reiseziele auf dem Programm mit Sprüngen auf Groß-und Normalschanzen.

Begründet wurde diese Wettkampf- und Reisesimulation vor Jahren auf ursprünglich acht Schanzen, daher nennen wir intern diese Phase schlicht und einfach Achtschanzentournee, auch wenn wir mittlerweile nur sieben verschiedene Schanzenanlagen bespringen.

Die Arbeit auf den Schanzen ist grundlegend für die gesamte Saison. Der saisonbedingte Wechsel von Material, bestehend aus Skier, Schuhen und Anzug erfordert den Neuaufbau des Sprungs. Dazu geht man wieder auf die ursprünglichen Grundmuster des Sprungs zurück und lernt als Athlet den Sprung wieder neu. Man geht einen Schritt zurück, um letztlich danach viele neue Schritte machen zu können. Das alles im Setting ständig wechselnder Orte und Schanzen, Training unter Stress wird zum Alltagsprogramm. Ich bin sehr zufrieden mit dem Fortschritt des Springens. Schritt für Schritt habe ich an den richtigen Stellschrauben gedreht, das Gefühl für das Gesamtsystem bekommen. Ich bin im Plan mit allen wichtigen Komponenten, was das Springen anbelangt. Parallel zum Springen werden Kilometer abgespult, die Grundlagenausdauer wird kontinuierlich aufgebaut. In Ansehung des Großereignisses Olympische Spiele habe ich insgesamt die Trainingsumfänge beim Laufen gemessen an den Vorjahren deutlich erhöht. Kilometer fressen für die Form.

Durch die intensive Trainingsarbeit entsteht ganz automatisch schon so etwas wie Wettkampfanspannung. Abends, wenn ich im Bett liege, habe ich manchmal schon das Gefühl im Weltcup zu sein. Der Wettkampfmodus geht allmählich ins Blut über. Bewusste Entspannung suche ich daher auch schon. Nach den Telefonaten mit der Familie beschäftige ich mich mit Yoga-Figuren und progressiver Muskelrelaxation; ich achte darauf, dass ich früh ins Bett komme und mich nach Plan ernähre. Der Ton in der Mannschaft wird ruhiger, man merkt, dass jeder maximal mit sich selbst beschäftigt ist. Es herrscht Ruhe vor dem Sturm. Jeder arbeitet akribisch und versucht überdies, seine Mitte zu finden.

Nach der Achtschanzentournee kommt immer eine Phase der Regeneration im Kreis der Familie. Die Tage des Reisens waren anstrengend, die Ruhe ist willkommen.

Innsbruck, Trainingslager 2017, Bergiselschanze

SCHNEERADAR

Philipp, Laura und ich liegen im Wohnzimmer vor dem Fernsehgerät in Erwartung der Wettervorhersage; jeder von uns ist zudem mit einem Laptop ausgestattet. Dann beginnt das Spiel: wer innerhalb von 15 Minuten den Ort in Europa identifiziert hat, der in den nächsten zwei Tagen die höchste Schneeerwartung ausweist, der ist Tagessieger im familiären Schneeradar-Spiel. Das ist auch der Grund, warum unser ältester Sohn sämtliche Wetterportale verinnerlicht hat. Während andere Kinder in seinem Alter nur Kenntnis darüber haben, wie man im Computer Moorhühner abschießt, könnte man bei Philipp meinen, dass er sich auf einen späteren Leistungskurs „Meteorologie" schon bestens vorbereitet hat. Wetter.com, wetter.de, wetteronline sind in diesen Tagen die meist besuchten Internetseiten innerhalb der Familie Frenzel.

Jedes Spiel hat seinen ernsten Hintergrund. Auch wie in vorangegangenen Wintern haben wir in den Höhenlagen in Mitteleuropa derzeit so wenig Schnee, dass die Planungen des Deutschen Skiverbandes turbulent werden. Wir benötigen Schnee, um uns auf die Saison, die in gut drei Wochen beginnt, ordentlich vorzubereiten – Schnee für die Loipen, um das Gefühl für den Laufstil zu entwickeln und Schnee für die Schanzen, damit diese präpariert und winterfest gemacht werden können. Gerade das letztere Anliegen ist das, was uns am meisten Kopfzerbrechen macht.

Über die Schanzenhügel werden Netzwerke ausgelegt, in denen sich der Schnee festsetzt und nicht abrutschen kann. Langsam und gleichmäßig baut sich dann am Schanzenhang der Schneebelag auf. Während dieser Phase können die Schanzen natürlich nicht besprungen werden und sind für den Trainingsbetrieb gesperrt. Im Normalfall hat man im Alpenraum immer Regionen, in denen zu dieser Zeit Anfang November der Schneefall einsetzt. Unsere Mannschaft sucht dann in den Frühschneefall-Regionen die dann auch früh präparierten Schanzen auf, während andere Regionen entsprechend später aufgesucht werden.

Gegenwärtig lässt der Schnee überall auf sich warten und das ist das Problem. Die Trainerstäbe beobachten das Wetter und müssen schnell Planungen vorantreiben, Trainingsorte identifizieren, Hotels reservieren, Anreisen planen, Logistik entwickeln und dies mit entsprechenden Alternativen. Das Planungsfieber überträgt sich auch auf uns Athleten nebst Familien. Alle wollen wissen, wie es weitergeht bei diesem planerischen Blindflug.

Daher schauen wir kräftig mit und hoffen als Familie natürlich, dass sich die Rahmenbedingungen in Mitteleuropa schnellstens dahingehend wandeln, dass die Athleten in unseren Breiten trainieren können.

Doch danach sieht es im Moment nicht aus. „Lillehammer in Norwegen" schreit Philipp am Ende des heutigen Schneeradars und gibt damit offensichtlich vor, mit was wir uns in den nächsten Tagen beschäftigen werden.

Oslo, Trainingslager 2017

KLEINE SCHANZE, GROSSE ERINNERUNGEN

Airport Berlin-Tegel am frühen Abend, das Einchecken an diesem Flughafen macht mir immer wieder Vergnügen. Wenige Schritte vom Taxi zum Check-In-Desk, wenige Schritte zur Sicherheit, wenige Schritte zum Gate und dann steht man schon an den großen Fenstern zur Startbahn hin. „Die Flugzeuge stehen an nach Himmel" heißt es in einem Gedicht von Reiner Kunze, der wie ich aus dem Erzgebirge stammt - ich habe das Bild zum Vers vor Augen.
18:27 Uhr Take-off, die Lichter der Hauptstadt bleiben zurück und werden kleiner, vor mir liegt die letzte Etappe der Vorbereitung auf den olympischen Winter. Das Ziel: Oslo – Um genauer zu sein – das Holmenkollen-Areal mit einer der schönsten Schanzenanlagen der Welt. Dort schlage ich sozusagen meine Trainingszelte auf, um mir den letzten Schliff beim Springen zu geben, bevor eine Woche später dann der Weltcup in Finnland startet. Ich werde vor allem auf der kleinen Schanze trainieren.

Warum dieses Spezialtraining?

In der nächsten Saison erwarte ich einen harten Kampf um die große Kristallkugel, aber auch um olympisches Edelmetall. Es wird in der Weltspitze Hundertstel-und Zentimeter-Wettkämpfe geben, wie selten zuvor. Da lohnt es sich, jedes noch so kleine Detail ins Kalkül zu ziehen. Besonders auf kleinen Schanzen lässt sich für mich noch Potential ausreizen und von derartigen Anlagen werden wir in dieser Saison einige bespringen. So ziehe ich mich nun eine Woche nach Norwegen zurück, um auf der kleinen Schanze am Holmenkollen zu trainieren.
Die kleine Schanze am Holmenkollen hat eine besondere Bedeutung in meinem Sportlerleben. Nicht nur dass der Berg über Oslo so etwas wie ein Skiheiligtum vor allem für die Norweger, aber auch für den Rest der Wintersport-Welt ist. Nein, es ist vor allem die Schanze, auf der ich 2011 zum ersten Mal Weltmeister werden konnte.

Hierher zurückzukehren, ist für mich immer wieder ein bewegender Moment, in dem alle Bilder von damals wie ein Film vor dem geistigen Auge ablaufen. Der Aufenthalt in Norwegens Kapitale soll mir auch Inspiration für die kommende Saison geben, die eine große Herausforderung werden wird. Ich möchte meinen olympischen Titel verteidigen, ich möchte unser Team in Südkorea auf das oberste Siegerpodest laufen und ich möchte zum sechsten Mal hintereinander den Gesamtweltcup gewinnen. Die Aufgaben und die Erwartungen an einen selbst könnten nicht größer sein und das bei einer dicht beieinanderliegenden Weltspitze, in der die größten Konkurrenten auch noch aus dem eigenen Team kommen werden.
Der Airbus fliegt eine langgezogene Schleife über den Holmenkollen, da ist sie: meine Schanze!

Wir landen sanft. Ab Morgen werde ich hier fliegen…

Oslo, Midtstuenbakken 2017, Trainingslager:
„Der Sprung war gut!"

Lillehammer Weltcup 2017, gute Laune trotz norwegischen Sieges

EIN ROT-BLAUES WOCHENENDE

Die norwegischen Zeitungen überschlagen sich nach dem Staffelsieg, den sich Espen Andersen, Jan Schmid, Jörgen Graabak und Jarl Riber im Zielsprint sichern. Große Lettern überall: „Wir sind die Besten der Welt!" In der Stadt feiern die ohnehin wintersportbegeisterten Norweger wie die Italiener den Fußballweltmeistertitel feiern würden. Trotz tiefster Temperaturen in der norwegischen Nacht feiern die Nordländer mit nacktem Oberkörper und rot-blauen Fahnen auf der Straße. Nach über zwei Jahren ohne Staffelniederlage müssen sich die deutschen Kombinierer einer anderen Mannschaft wieder geschlagen geben, auch wenn es am Schluss Wimpernschläge sind.

Es sind die Norweger, die uns an der Fortsetzung unserer Siegesserie hindern. An den Reaktionen im ganzen Land kann man ermessen, wie tief der Stachel in der letzten Saison bei den Norwegern saß, als sie der deutschen Dominanz nichts entgegenzusetzen hatten und mit ansehen mussten, wie so mancher Weltcup Ergebnislisten wie Deutsche Meisterschaften auswies. Nach dem auf die Staffel folgenden Einzelwettkampf, bei dem es gar einen norwegischen Dreifach-Sieg gab, und dem Umstand, dass nach diesem zweiten Weltcupwochenende in der Gesamtweltcupwertung unter den Top Sechs drei Norweger rangieren, möchte ich sagen: „Norway is back!" Es hilft auch kein Jammern und Klagen über die schlechten Wind-und Wetter-Bedingungen in Kuusamo und Lillehammer mit den stets wechselnden Winden. Die deutsche Mannschaft müsste so viel Substanz haben, sich auch auf die schlechtesten Bedingungen einzustellen und gute Ergebnisse abzurufen. Im Ergebnis muss man sich eingestehen, dass es vor allem auf der Schanze noch nicht ganz rund läuft. Daran müssen wir arbeiten. Andererseits darf man nun auch nicht gleich in Panik und Hysterie verfallen. Bei einer Staffel auf der Zielgeraden zu verlieren, ist in jedem Fall kein Klassenunterschied und Podiumsplätze in den Einzelentscheidungen, die wir als deutsche Mannschaft und auch ich selbst schon verbuchen können, zeigen, dass wir unsere Hausaufgaben in der Saisonvorbereitung grundsätzlich schon gemacht haben. Aber es ist anders als in der letzten Saison, als das deutsche Siegen so einfach schien und das Publikum entsprechend verwöhnt war.

Das, was ich bei meinem Einzeltraining in Oslo unmittelbar vor dem Saisonstart, als ich mit den Norwegern zusammen auf der Holmenkollen-Anlage trainieren konnte, gesehen hatte, hat sich jetzt bestätigt. Die Norweger haben hart an sich gearbeitet und sich vor allem auf der Schanze einen Stand erarbeitet, der offensichtlich gegenwärtig der Maßstab der Dinge ist.

Damit müssen wir Deutschen umgehen lernen und uns nun Stück für Stück das Terrain zurückerobern.

NEUJAHRSIRRITATIONEN

Kaum ist das Neue Jahr ein paar Stunden alt, schon stellen sich bei uns Kombinierern die ersten Unwägbarkeiten ein. Entspannt kam ich von unserer alljährlichen Silvesterparty mit Freunden, die dieses Jahr in Nürnberg stattfand, nach Hause, um mich zehn Minuten später im Planungschaos zu befinden. Die erste Meldung, die der Trainerstab auf mein Handy absetzte, besagte, dass der Weltcup an diesem Wochenende in Otepää nicht stattfinden wird, wegen Schneemangels. Die zweite Nachricht zehn Minuten später stellte einen Start unseres Teams beim COC-Cup in Klingenthal in Aussicht, den ich spontan bejahte, da Wettkämpfe nun das Maß aller Dinge sind. Eine weitere Nachricht beschäftigte sich dann mit Lehrgangsplanungen in Seefeld, alternativ in Garmisch-Partenkirchen. Das Chaos war perfekt und es setzte ein paar Stunden Planungsunsicherheit ein.

Mit meiner Frau Laura diskutiere ich solche Dinge gerne am Küchentisch; sie ist seit Jahren immer einen Schritt hinter mir, um mir den Rücken freizuhalten oder auch mal etwas zu organisieren. Sie hat immer ein feines Gespür für das, was ich in der jeweiligen Wettkamphase benötige. Auch sie plädiert sofort für einen Einsatz in Klingenthal, da es sich um einen „echten" Wettkampf handelt und Wettkämpfe die richtige Vorbereitung für die olympischen Tage darstellen, nachdem sich Sprung-und Laufform bei meinem letzten Weltcup-Sieg in Ramsau so zeigten, wie ich es von mir selbst erwarte. Auch die räumliche Nähe Klingenthals zu Flossenbürg, unserem Wohnort, erscheint ihr vorteilhaft, um nach dem Wettkampf im häuslichen Umfeld zu regenerieren. Elemente der Regeneration sind auf dem Weg nach Südkorea ein wichtige Sache, die man sich oft regelrecht vornehmen muss, damit sie auch stattfinden.

Die Trainer, die natürlich noch an ihren Heimstandorten sind, beraten in einer Telefonkonferenz, wie die Dinge weitergehen sollen.

Laura schlägt vor, schon mal die Sachen zu packen, denn wenn der Lehrgang kommt, dann ist die Abreise bereits schon in wenigen Stunden. Für die Wettkampfsaison haben wir eine seit Jahren bewährte Packliste, um alle wichtigen Sachen schnellstmöglich auch in den Koffer zu bringen – Erfahrungen nach fast zehn Jahren Weltcupreisen bringen einen dazu.

Während ich nach der Ausrüstung schaue und Laura die Sachen des persönlichen Bedarfs richtet, summt wieder das Handy: Seefeld/Garmisch.

Die Würfel sind also gefallen, noch zwei Stunden bis zur Abfahrt also. Gut, dass wir mit dem Packen schon begonnen hatten.

Vor mir liegen vier Stunden Autofahrt und ein paar Tage Trainingswettkämpfe gegen die Mannschaftskameraden auf unterschiedlichen Schanzen und Loipen in Österreich und Deutschland. Und hoffentlich ein „Gutes Neues Jahr", das ich allen Lesern dieser Kolumne ebenso wünsche!

Nürnberg 2017, Silvesterfeier mit Freunden

에릭 프렌첼

Ich habe es mir vor meinem Kamin in Flossenbürg gemütlich gemacht und nutze einen ruhigen Moment, um mich auf Südkorea das Gastgeberland der Olympischen Spiele, einzustimmen und lese über die Sprache des Landes, die im Amtsdeutsch „Hangul" genannt wird und die der gemeine Südkoreaner gerne mit „Volksschrift" oder „Unsere Schrift" umschreibt. Sie wurde von König Sejong 1446 entwickelt und hat bis heute Bestand. Die Besonderheit dieser Schrift liegt darin, dass einzelne Buchstaben in Schriftzeichen zu Silben zusammengefasst werden, so dass jede Silbe in ein imaginäres Quadrat passt.

Ich bin begeistert von den Schriftzeichen dieser Sprache, das merkt auch die freundliche Dame der Kulturabteilung der Botschaft der Republik Korea in Berlin, der ich einen Tag später von meiner über Nacht gewachsenen Idee einer Wintermütze für meine Fans berichte, auf der mein Name in südkoreanischen Schriftzeichen stehen soll. Sie hält meinen Plan für eine schöne Idee und lacht immerfort und leise und weist mich darauf hin, dass die Schrift und ihre quadratisch anmutenden Zeichen vom Gitterwerk auf traditionellen koreanischen Türen inspiriert sei. Sie sagt mir zu, bei der Übersetzung meines Namens in südkoreanische Schriftzeichen behilflich zu sein und bedankt sich sehr herzlich, dass ich meinen Namen „in ihrer Schrift" auf „meine Mütze" bringen möchte.

Beseelt von diesem Telefonat schreite ich zur nächsten Tat und wende mich an ein koreanisches Restaurant in Hamburg, da die Zeit drängt und die Dame der Botschaft mir noch keinen Zeitpunkt benennen konnte, wann sie die Übersetzung schicken könne. Auch in der freien Wirtschaft treffe ich auf offene Ohren; der Restaurant-Chef freut sich sehr und erzählt, dass die Schriftzeichen Mustern entlehnt sind, die Seidenraupen in Maulbeerblätter fressen. Ich staune über so viel Legendenbildung und bedanke mich für die Zusage des Hamburgers, mir zu helfen.

Nach diesen netten Gesprächen wächst meine Neugierde auf das Aussehen meines Namens in der Schrift. Ich fahnde nach koreanischen Mitstudenten an meiner Hochschule und überlege, ob mein japanischer Kombinierer-Kollege Akito Watabe mir diesbezüglich auch behilflich sein kann.

Zuletzt greife ich zum Hörer und kontaktiere ein Marburger Übersetzungsbüro. „schwindack translations" hat zwar im Koreanischen nicht seinen Arbeitsschwerpunkt, verspricht aber spontan und honorarfrei maximale Mithilfe. Nach dreizehn Minuten kommt die Nachricht aus der altehrwürdigen Universitätsstadt. Minuten später finde ich die Nachrichten aus Hamburg und Berlin.

Ich bin begeistert von der Hilfsbereitschaft der Koreaner und freue mich, dass „ihre Schrift" nun auch „meine" ist.

Heute setze ich meine Mütze auf und verneige mich vor unseren Gastgebern.
Herzlichst
에릭 프렌첼

Neujahrsruhe als Kolumnist in Flossenbürg.

SANS SOUCI

Laura, Emma und ich fahren auf der Autobahn nach Potsdam. Was wie nach Familienausflug in den Park Sanssouci klingt, ist Teil der letzten Vorbereitung auf die olympischen Spiele und der Versuch, den Bewegungsablauf beim Springen zu optimieren. Wir fahren dazu nicht zu dem bekannten Hohenzollernschloss mit der weitläufigen Parkanlage, in der man so schön picknicken kann, sondern an den Rand des nicht minder schönen Holländischen Viertels im Zentrum der Stadt. Hier residiert nicht Friedrich Wilhelm IV, sondern Prof. Dr. Dieter Lazik, ein in der Welt des Sports international geachteter Sportbiologe, der an der Universität Potsdam mehr als 20 Jahre über Muskeln, Sehnen und Gelenke geforscht hat und der, was die genannten Bereiche anbelangt, „mit den Händen sehen kann".

Potsdam 2018 mit Laura, Besuch bei Prof. Dr. Dieter Lazik zur Vorbereitung auf die Olympischen Spiele in Pyeonchang

Die Namensgebung des weltberühmten Potsdamer Schlosses geht ja auf das französische „Sans Souci" zurück, was schlicht und einfach „ohne Sorge" bedeutet. Das könnte auch über dem Türrahmen von Prof.Dr. Lazik stehen, denn viele Athleten, die Umsetzungsprobleme in ihrer Sportart haben, bekommen hier zum ersten Mal das Bewusstsein, woran es liegen könnte, und die meisten gehen nach einer therapeutischen Intervention „ohne Sorge" aus den „heiligen Hallen".

Zwischen den Weltcups habe ich mich mit meinem Mannschaftskameraden Björn Kircheisen in Potsdam eingefunden, um mich selbst auf den Prüfstand zu stellen und mit dem Experten rund um meine Sprung-Performance zu diskutieren. Laura ist dankenswerter Weise mitgekommen, um auf der Rückreise ans Steuer zu gehen, denn nach manualtherapeutischen Interventionen ist man oft regelrecht kaputt. In Potsdam angekommen gehen wir gleich in medias res. Diverse Muskeltests werden gemacht, die recht schnell zeigen, dass viele Partien an meinem Körper gegenwärtig nicht so arbeiten, wie sie arbeiten sollten. Oftmals die typische Ursache: Verklebungen der Muskeln, die teilweise zu Instabilitäten von Gelenken führen. Sind Muskeln verklebt durch körpereigene Sekrete, die in Zusammenhang mit Trainings – und Wettkampfbelastung oder auch durch Krankheiten und Infekte entstehen, können sie nicht mehr richtig kontrahieren. Wenn es sich um Muskeln handelt, die wiederum Gelenke stabilisieren sollen, können oftmals auch diese nicht mehr richtig ihre Arbeit verrichten – auf diesem Weg wird ein Muskel-Gelenk-System arbeitsunfähig und wenn es sich um das System eines Spitzensportlers handelt, wird dieser Probleme bekommen oder schon haben. Einige derartiger Verklebungen werden bei Björn und mir identifiziert und an Ort und Stelle durch die Hände des Therapeuten oder durch hochfrequente Vibratoren gelöst. Drei Stunden später fühle ich mich wie neugeboren und stelle an mir wieder mehr Beweglichkeit fest.

Chaux Neuve kann kommen – sans souci!

IN DER RUHE LIEGT DIE KRAFT

Die Triple-Ergebnisse in Seefeld haben das bestätigt, was wir selbst wissen und was natürlich immer stärker von außen an uns herangetragen wird. Die Sprungergebnisse bei uns Deutschen sind nicht so gut, als dass sie eine verlässliche Grundlage für den Kampf in der Loipe darstellen. Die internationale Konkurrenz, vor allem die Norweger haben ihre Hausaufgaben gemacht und sind eine Klasse für sich, andere Spitzenkönner aus anderen Nationen wie zum Beispiel Akito Watabe werden bei der Medaillenvergabe in Südkorea auch ein Wörtchen mitreden.

Wird man jetzt aktionistisch, verliert man sich im Chaos. Wir müssen Ruhe bewahren und unsere Kräfte bündeln. Wir alle sind in einer guten Laufform, das sollte einen optimistisch stimmen. Am Springen ist nun zu arbeiten. Es ist eine richtige Entscheidung, nicht beim Weltcup in Hakuba anzutreten und sich ganz und gar auf die olympische Vorbereitung zu fokussieren, die wir als Team wahrscheinlich in Oberstdorf absolvieren werden und bei der das Springen im Vordergrund steht. Optimistisch sollte einen stimmen, dass wir auch im Detail wissen, woran es beim Springen liegt; zumindest ist das bei mir so, dass ich schon seit längerem mit der Anfahrtshocke gehadert habe. Im Gegensatz zu früheren Saisons kam ich nicht mehr in eine „tiefe" Hocke, was sich kontraproduktiv auswirkte; der Grund hierfür ist nach vielen Diskussionen auch gefunden worden: Muskelverklebungen rund um die Knie, die eine tiefe Hocke verhinderten. Das Problem wurde erkannt, es wurde Abhilfe geschaffen und ich fühle mich auf der Schanze wieder wohl. Mit dem Springen in Seefeld war ich zufrieden. Ich bin auf dem richtigen Weg, aber der Körper und die Bewegungsabläufe müssen sich insgesamt wieder an die veränderten Rahmenbedingungen gewöhnen. Das braucht Zeit, die wir im Hinblick auf Pyeongchang auch haben. Oberstdorf statt Hakuba – das bedeutet nun eine intensive Beobachtung des Tuns auf der Schanze und die Automatisierung der notwendigen Ableitungen. Es fehlen beim Springen nur wenige Meter. Man muss sich auch vor Augen halten, dass wir ja in dieser Saison schon Weltcups gewonnen haben, die Serien aus den letzten Jahren ließen sich nicht wiederholen. Darauf aber weiter zu hoffen, hätte die Kompetenz anderer Nationen außer Acht gelassen.

Wir müssen jetzt reagieren und genau das werden wir auch tun. Ohne Hektik und mit aller Konzentration. Würden wir das nicht so tun, wären die Medaillen in Südkorea bereits verloren. Wir sind Weltmeister und Olympiasieger, wir wissen, woran es liegt und wie wir die Dinge hinkriegen.

In der Ruhe liegt die Kraft.

Zurück in Seefeld – Nordic Combined Triple 2018

OLYMPISCHER COUNTDOWN

Olympiavorbereitung 2018 Oberstdorf – Mannschaftsabend

Eric hat heute den letzten Tag der olympischen Vorbereitung. Der Weltcup in Hakuba wurde vom gesamten deutschen Team ausgelassen, um sich in Oberstdorf ganz und gar den letzten Feinabstimmungen zu widmen. Die läuferische Form hat in der bisherigen Weltcupsaison bei allen Teammitgliedern gestimmt. Vor dem Hintergrund der durchwachsenen Leistungen in der Saison beim Springen, lag der Schwerpunkt beim Abschlusslehrgang auf dem Springen und dem Krafttraining. Mein Mann bekommt auf der Schanze langsam, aber sicher, seine Grundsicherheit zurück. Seine muskulären Verspannungen und Verklebungen rund um die Kniegelenke, die ein tiefes Absitzen bei der Anfahrt zum Sprung verhinderten und so für nicht ausreichende Weiten sorgten, sind behandelt. Zudem hat Eric auf seine alte Bindung am Sprungski zurückgegriffen. Beide Maßnahmen haben ihn sozusagen wieder zurück in die Spur gebracht; mit den Sprungweiten in Oberstdorf ist er sehr zufrieden gewesen.
Ansonsten ist der Blick unserer gesamten Familie ganz auf die Abreise nach Südkorea gerichtet, die am kommenden Montag erfolgt.

Am 13. Februar werden Eric, Philipp und ich landen. Leopold und Emma lassen wir zu Hause bei meiner Mutter. Da Philipp ein Asien-Fan ist, der beim Japaner schon mal gerne Sushi mit Stäbchen isst, hatten wir ihm die Reise zu den olympischen Spielen nach Pyeongchang versprochen. Ein Tag nach der Landung wird dann der erste Wettkampf sein. Business as usual für die deutschen Kombinierer, die es seit Jahren gewohnt sind, ganz knapp vor den Wettkämpfen anzureisen.

Das deutsche Team wohnt außerhalb des olympischen Dorfs in einem Hotel mit Blick auf das Wettkampfareal der Springer und Kombinierer. Eric freut sich darüber, dass er dem olympischen Trubel etwas aus dem Weg gehen und sich auf die Wettkämpfe konzentrieren kann.
Erinnerungen an Sochi 2014 haben wir alle vor Augen. Eric war damals der große Favorit und wurde im ersten Wettkampf dieser Rolle souverän gerecht.

Die Ausgangssituation ist diesmal eine andere. In die Weltcupsaison kam er wie mittlerweile auch andere Teammitglieder wegen konstant schlechter Sprungergebnisse nicht so gut rein, wie gewohnt. Dazu kam das Wiedererstarken der Norweger, vor allem auf den Schanzen, auf denen es für die Deutschen nicht mehr so lief. Mit jedem Wettkampf wuchs bei Eric die Verunsicherung, bis er das gesamte System auf den Prüfstand gestellt hat. Ich glaube, dass dies gerade noch rechtzeitig geschehen ist. Jetzt fühlt er sich gut, sowohl was die Abläufe beim Springen anbelangt, aber auch mit dem neuen „alten" Material.

Ich bin wieder sehr zuversichtlich und freue mich auf die Anreise nach Pyeongchang.

Herzlichst
Laura Frenzel

OLYMPISCHER STOLZ

Die letzten Tage waren bei uns in Flossenbürg sehr hektisch. Nachdem Eric erfahren hatte, dass er bei der olympischen Eröffnungsfeier die deutsche Mannschaft als Fahnenträger anführen darf, mussten sämtliche Reiseplanungen umgeworfen werden. Er musste vor allem an der Pressekonferenz in Pyeong Chang teilnehmen, auf der er der Öffentlichkeit als deutscher Fahnenträger vorgestellt wurde. Packen im Akkord, Shuttles organisieren, letzte Abstimmungen mit den Trainern. Die Kinder waren etwas überrascht, dass Papa jetzt zwei Tage vor der geplanten Abreise die Koffer packen musste. Als Eric im Flieger nach Südkorea war, kehrte Ruhe im Haus ein und damit auch ein Gefühl, dass ich gerne zugebe: Stolz.

Ich empfinde es als große Ehre, dass mein Mann die deutsche Fahne tragen darf. Der Fußballnationalspieler Bernd Schneider hat einmal im Interview geäußert, dass für ihn der größte Moment seiner Karriere die Spielführerschaft im Eröffnungsspiel der Heim-WM 2006 gewesen sei, als er seine Mannschaft auf das Feld führte.

Ich weiß, dass Eric das auch so fühlt. Nach seinen fünf Gesamtweltcupsiegen in Folge, seinem Olympiasieg in Sochi und seinen Weltmeistertiteln ist für ihn der Umstand, dass er bei diesen olympischen Spielen die deutsche Mannschaft in das Stadion führen darf, ein bewegender Moment und die Krönung seiner beispiellosen Karriere. Neben seinen sportlichen Erfolgen sind es vor allem seine Fairness und sein Respekt vor den Leistungen der anderen Athleten, die ihn zum Fahnenträger berufen haben. Die Entscheidung, Eric zum Fahnenträger zu machen, würdigt ihn als Sportler und als Mensch. Darüber freue ich mich wahnsinnig und darauf bin ich auch unheimlich stolz.

Unser Sohn Philipp und ich werden jetzt am Montag Eric nachreisen, um ihn dann im ersten Wettkampf von der Normalschanze anzufeuern. Er hat sich bei seiner Abreise gut gefühlt, im Gegensatz zum Saisonverlauf konnte er in dem Vorbereitungslehrgang der deutschen Mannschaft in Oberstdorf wieder gute Weiten beim Springen erzielen. Der Umstieg auf die alte Bindung und die therapeutischen Interventionen hinsichtlich seiner Muskulatur rund um die Knie haben sich ausgezahlt. Nach Südkorea ist er in dem Bewusstsein abgereist, dass er nun doch mit den Norwegern und mit seinem Freund Akito Watabe auf Augenhöhe um die Medaillen kämpfen kann.

Ich freue mich auf die Spiele und bin sehr gespannt.

Herzlichst
Laura Frenzel

Abflug zu den Olympischen Spielen in
Pyeongchang, München 2018

MEIN KLEINER KOREANER

Unser Sohn Philipp genießt das olympische Flair in Südkorea und saugt alle Eindrücke regelrecht auf. Neben seinem Fokus auf die Wettbewerbe und vor allem auf das Abschneiden der deutschen Athleten interessiert er sich ungemein für das koreanische Essen. Während er in Deutschland schon immer gerne in asiatische Restaurants gegangen ist und sich mittlerweile auch das Essen mit Stäbchen angeeignet hat, entwickelt er hier in Korea maximale Affinität und probiert leidenschaftlich alles aus. Neben die Bewunderung für seine Esskünste mit Stäbchen tritt bei den koreanischen Bedienungen immer wieder die Verblüffung auf, wenn sich Philipp als kleiner mitteleuropäischer Junge Distelsuppe oder Sesamblätter bestellt. Doch nicht nur der Geschmack steht im Blickpunkt seiner Erkundungen, sondern auch die Geschichten rund um das Essen. Mit Begeisterung telefoniert er mit seinen Großmüttern und erzählt davon, dass die Koreaner im Grunde genommen dreimal am Tag warm essen oder dass in einem Essen immer fünf Geschmacksrichtungen vertreten sein sollten.

Natürlich vergleicht er auch zwischen der Esskultur der Deutschen und der Koreaner und gibt seine Einschätzungen ab. Dass, wie bei uns Reis und Nudeln auf dem Speisezettel stehen, begrüßt er, dass diese Beilagen zumeist nach dem Hauptgang mit Fleisch und Gemüse gereicht werden, findet er schlicht interessant.

Auch koreanische Sitten befindet er für gut und wendet sie sodann auch an. Ein gut Deutsch sprechender Kellner erklärt ihm, dass am Tisch der jüngere den älteren Menschen bedient und ihm die Esssachen vorlegt oder anbietet. Wenn man sein Gegenüber sehr schätze, sollte man den Krug, den man aufnimmt, um das Glas seines älteren Gastes zu füllen, mit beiden Händen greifen, um so die Ehrfurcht und den Respekt vor dem anderen zu zeigen.

Wir sind also in einem Restaurant, essen Rippchen vom Schwein und vom Rind, und Philipp übernimmt ganz selbstverständlich das Grillen des Fleisches am Tisch, bietet mir etwas von den sieben Beilagen an, die er auf gut Glück bestellt hat: Sprossen, Zwiebeln, Sesamblätter, Algen, Bohnen, sauer angemachten Salat. Wie ein kleiner Koch hantiert er mit den Rippchen und stellt mir immer abwechselnde Teller zusammen. „Weißt Du Mama, warum ich Dir mit beiden Händen einschenke?" – „Weil ich Dich verehre!"

Wir haben noch eine Menge Spaß an diesem Abend und ich genieße es, von meinem kleinen Sohn verwöhnt zu werden.

Herzlichst
Laura Frenzel

Laura und Philipp in einem koreanischen Restaurant in Seoul, 2018

Pyeonchang, 2018: erneut Olympiagold

WAAAHNSINN

Es war der Wahnsinn, an diesem Tag in Pyeongchang mit Philipp dabei zu sein. In einem spannenden Wettkampf konnte sich Eric vier Jahre nach seinem Triumph in Sochi auch die Goldmedaille in PyeonChang sichern. Zwischen diesen Triumphen lagen alle möglichen Gesamtweltcupsiege. Jetzt schließt sich der Kreis. Ich bin total glücklich und stolz auf meinen Mann.

Dabei hatte es in der Saison nicht so gut angefangen. Mit dem Springen haperte es. Eric kam nicht mehr in seine tiefe Ansitzhocke beim Springen. Es folgten immer intensivere Gespräche am heimischen Küchentisch, wie man aus dieser Krise herauskommen könnte. Es wurde gehandelt. Das mittlerweile schon legendäre und hochspezialisierte, sportmedizinische Netzwerk seines Managers Stephan Peplies lenkte ihn wieder auf die richtige Bahn. Muskuläre Verklebungen rund um beide Knie waren der Grund für Instabilitäten der Gelenke, sie verhinderten auch ein tiefes Ansitzen. Therapeutische Sitzungen in Potsdam standen auf dem Programm, statt Waldlauf und Krafttraining im Erzgebirge. Zudem wechselte er auf seine alte Bindung. Der Körper brauchte wiederum etwas Zeit, um sich auf die erneut veränderten Rahmenbedingungen einzustellen. Aber spätestens in Oberstdorf beim Abschlusslehrgang der Deutschen war er auf der Schanze wieder da. Insider wussten, dass er wieder um Gold kämpfen können wird.

Dann kam der Wettkampf, den er mit einem ordentlichen Sprung begann. Als fünfter marschierte er ins 10-km-Rennen und dann habe ich ein Kombinationsrennen gesehen, das spannender nicht hätte sein können. Schnell schloss Eric mit seinem Freund Akito Watabe zum Führenden auf. Mit dem Norweger Riiber und dem Österreicher Klapfer machte die Gruppe die Pace. Die großen Spannungsmomente kamen dann, als von hinten Johannes Rydzek heranstürmte. Bis auf elf Sekunden ließ Eric seinen Teamkameraden heran, bevor er dann zum Angriff blies. Es war der ideale Zeitpunkt hinsichtlich des Verfolgers, der sich in der Loipe aufgearbeitet hatte und hinsichtlich seiner Mitführenden. Ein kurzer Blick nach hinten in die Augen der Mitstreiter und Eric setzte den Angriff an einem der letzten Anstiege. In den Abfahrten konnte er gut gleiten, die Techniker des Teams hatten wieder ganze Arbeit geleistet und dann, ja, dann kam der Zielsprint.

Wer um die Strapazen und Anstrengungen seit Wochen im Hintergrund wusste, konnte es in seinem Gesicht ablesen: tiefe Genugtuung und Glückstränen.
Ich bin so stolz auf meinem Mann!

Herzlichst
Laura Frenzel

NACH DEM SIEG

Als Johannes Rydzek Sekunde um Sekunde gut machte, wusste ich, dass Eric am letzten Anstieg anziehen würde, rechtzeitig genug. Er hielt den Verfolger auf Abstand und riss die Führungsgruppe auseinander. Das Stadion bebte und als ich Eric über die Ziellinie gleiten sah, kullerten mir die Glückstränen. Nach der Flower Ceremony konnten wir Eric leider nicht sehen – zu viele Interviews und formelle Termine. Philipp und ich sind mit der Familie von Akito Watabe, dem Zweitplatzierten, in der Bahn nach Seoul zurückgefahren und haben im Abteil zusammen gefeiert.

Akito ist ein wirklich guter Freund von Eric und die Familien sind eng miteinander verbandelt. Akito gilt in Japan als der ewige Zweite und ein wenig leid tut es mir schon, dass er nach Sochi-Silber nun wieder von Eric geschlagen wurde. Falls Akito, und danach sieht es ja nach dem bisherigen Weltcupverlauf aus, zum ersten Mal den Gesamtweltcup gewinnen wird, wird sich Eric sehr für ihn freuen. Familie Watabe flog dann noch am Abend heim, die Flugzeit nach Japan beträgt ja von Seoul nur zwei Stunden. Für die weiteren Wettkämpfe werden sie wieder anreisen – der ganz normale olympische Pendelverkehr im asiatischen Raum! Im Hotel angekommen, haben wir uns dann mit zwei Sektflaschen in die Hotellobby gesetzt und haben gefeiert!

Eric hat nun etwas Zeit bis zu den nächsten Wettkämpfen. Auf dem Programm stehen nun Lauftraining und Regeneration. Für den Wettkampf auf der großen Schanze bin ich nun auch sehr zuversichtlich. Mit seinen skispringerischen Fähigkeiten liegt Eric die Großschanze ja regelmäßig mehr als die Normalschanze. Mein Mann ist weiterhin sehr konzentriert. In den nächsten zwei Wettkämpfen wird er alles daran setzen, weiteres olympische Edelmetall zu erringen. Der Titel auf der Großschanze fehlt in der Trophäensammlung und eine Goldmedaille mit der Mannschaft ist der große Traum von Eric. Das Kräftemessen mit den Norwegern wird ein Höhepunkt des olympischen Programms und die Chancen stehen meiner Meinung nach wieder besser als im vorherigen Weltcup. Die Mannschaftsleistung im Normalschanzen-Wettbewerb war eine sehr gute, die Grundlage für einen olympischen Erfolg sein kann. Darauf können die Jungs aufbauen.

Wir drücken an der Bande weiterhin die Daumen.

Herzlichst
Laura Frenzel

Laura mit Mutter Watabe, Pyeonchang, 2018

NÄCHSTE AUFGABE

Die Kombinierer, so auch Eric, haben die nächste Aufgabe fest im Blick, den Wettbewerb auf der großen Schanze im Alpensia-Park. Mein Mann hat sich bewusst dafür entschieden, bis zum nächsten Start hier oben im Areal zu bleiben und keine anderen Wettkämpfe zu besuchen. Die Erinnerungen an Sochi sind unweigerlich da, wo er zum zweiten Wettkampf krank wurde und mit einem Infekt und hohem Fieber im Bett lag. Das soll sich nicht wiederholen. Eric möchte mit um die nächsten Medaillen kämpfen. Die große Schanze liegt ihm regelmäßig besser als die Normalschanze, da er gut ins Fliegen kommt und dies auf der Großschanze dann besser ausspielen kann. Ab heute haben die Kombinierer auch wieder die Schanze zum Trainieren zugewiesen bekommen; jeden Tag dürfen sie drei Sprünge absolvieren. Das reicht aus, um sich der Schanze und ihren Eigenarten langsam zu nähern. Eric hofft wieder auf einen guten Sprung, dann sollte wieder alles möglich sein. Die selektive Strecke hat es ihm angetan und er ist sie nun schon einmal mit Bravour durchgelaufen. Ja, leichtes Lauftraining auf Ski steht natürlich auch auf dem täglichen Programm, genauso wie Regeneration oder aktive Entspannung. Das Wetter hat sich beruhigt und die Winde sind abgeflaut. Der Kombinierer Hoffnung ist darauf gerichtet, dass es beim kommenden Wettkampf möglichst gleiche Bedingungen für alle Starter gibt. Morgen erwarte ich Familie Kircheisen in Seoul, die auch in unserem Hotel wohnt. Den Eltern von Björn habe ich heute früh noch Karten für den Zug von Seoul nach Pyeongchang besorgt, da diese Züge ständig überfüllt und meistens sogar ausgebucht sind. Ansonsten fällt die Höflichkeit der Koreaner auf, die sich diesem Massenandrang mit stoischer Ruhe stellen und gleichbleibend freundlich sind. Philipp und ich haben heute ein umfassendes Sight-Seeing in Seoul gemacht, was wieder in einem koreanischen Barbecue mündete.

Wir sind wohlauf und guter Dinge und freuen uns auf den zweiten Wettkampf von Eric, der sicherlich wieder einiges an Aufregung und Spannung verspricht.

Herzlichst
Laura Frenzel

Olympisches Langlauftraining, Pyeonchang, 2018

KURZ VOR DEM ABSPRUNG

Der Zug von Seoul fuhr heute morgen schon früher für uns. Vor Aufregung konnte Philipp nicht so gut schlafen, obwohl wir schon früh ins Bett gegangen sind. Eric wird in wenigen Stunden seinen zweiten olympischen Wettkampf haben. Die Trainingstage waren sehr gut. Die Sprünge von der großen Schanze haben sich von Tag zu Tag mehr stabilisiert, bis zum Schluss die Weiten dabei waren, die man für den Kampf um die Medaillen benötigt. Auch hat Eric das gleiche Ritual, wie beim Wettkampf von der kleinen Schanze gewählt. Er hat die Strecke noch einmal per Spaziergang inspiziert und die Streckenführung hinsichtlich verschiedener Szenarien durchdacht, hat sich vor allem noch mal die Stelle angeschaut, an der er beim ersten Wettkampf den entscheidenden Angriff setzen konnte. Eric ist in nach dem Gewinn der Goldmedaille in guter Verfassung, ist gesund geblieben und wird alles daran setzen, hier in Südkorea seine zweite Medaille zu gewinnen. Man merkte in den letzten zwei Tagen, dass die Wettkampfspannung steigt. Die Telefonate wurden kürzer, über skitechnische Dinge wurde nicht mehr geredet. Alles Zeichen, das es nun wieder ernst wird.

Ich erwarte einen heißen Tanz mit den Norwegern, die ja im ersten Wettkampf etwas untergegangen waren. Sie werden zurückschlagen und die Rangordnung herstellen wollen, die zuletzt im Weltcup herrschte. Die Norweger sind in einer überragenden Sprungverfassung, was gerade auch die große Schanze anbelangt. Sie haben Springertypen, die schnell und leicht ins Fliegen kommen können.

Die Nervosität nimmt auch bei mir zu, gestern haben wir uns noch ein wenig mit olympischem Shopping ablenken können. Kleine Artikel, die eine Verbindung zu den Spielen einerseits und zum Land andererseits haben, wandern in den Einkaufskorb. Vor allem die olympischen Maskottchen sind bei Philipp beliebt, der aber auch an seine zuhause gebliebenen Geschwister denkt. Seit heute morgen 6 Uhr gibt es nur noch einen Gedanken, den Gedanken an den bevorstehenden Wettkampf. Wir packen die Sachen nach einem hastigen Frühstück. Uns treibt es raus an die Schanze. Wie sind die Wetterbedingungen vor Ort? Hat es Wind? Wird der Ski in der Loipe gehen? Welche Startnummer wird Eric auf der Schanze haben?
Vor dem Start wird es die obligatorische Nudelsuppe für Philipp und mich geben, innere Erwärmung und Nervennahrung zugleich.

Ich wünsche meinem Mann Wind unter die Flügel, der weit trägt. Ist der Sprung solide, wird er auch heute bei der Medaillenvergabe ein Wort mitreden können.

Herzlichst
Laura Frenzel

Philipp vor dem Olympischen Feuer, Pyeonchang 2018

HISTORISCHER TAG

Über den deutschen Dreifach-Triumph der Kombinierer kann und sollte man nicht so einfach hinweggehen. Zum einen weil es ein historisches Ergebnis ist, aus deutscher Sicht alle drei Medaillen zu gewinnen, zum anderen weil dieser Sieg durch eine gut geplante und genauso umgesetzte Renntaktik des Teams zustande kam. Eingebettet wird dies in die Gesamtchronologie des Weltcupwinters, in dem die Deutschen ihre Vormachtstellung zeitweilig an die Norweger verloren hatten. Man muss sich alle diese Dinge vor Augen halten, damit man ein Gefühl für die Wertigkeit dieses Triumphs erlangt. Das Trainerteam handelte richtig, als es auf die Teilnahme am letzten Weltcup vor den olympischen Spielen in Hakuba verzichtete. Dies war eine klare Entscheidung, die auch von allen Athleten mit getragen wurde, für die Spiele in Südkorea, die Reset-Taste zu drücken. Die Mannschaft zog mit. Den diesjährigen Gesamtweltcup gab man sozusagen für die olympischen Chancen auf und arbeitete während eines Lehrgangs in Oberstdorf kleinteilig an der Sprungperformance. Die Athleten selbst machten ihre Hausaufgaben im stillen Kämmerlein dazu, mit dem Bewusstsein im olympischen Dorf, dass die Medaillen doch nur wieder über sie zu erkämpfen waren.

Beispielsweise Eric, der seinem Körpergefühl nach ging und sich von muskulären Verklebungen befreien ließ, die weite Sprünge gar nicht mehr zuließen. Im Trainingslager schafften es dann Trainer und Akteure zusammen. Nach dem Sieg von der kleinen Schanze durch Eric war die Konkurrenz gewarnt. Die Deutschen waren wirklich wieder da. Dann kam der Wettkampf von der großen Schanze mit guten Sprüngen der Deutschen und damit mit einer guten Ausgangsposition für das Rennen. Vorne weg liefen zwei Athleten, die bis dato den Weltcupwinter geprägt hatten: der Japaner und gesamtweltcupführende Akito Watabe und der Norweger Magnus Riiber. Dann setzte die deutsche Teamarbeit ein; minutiös geplant und in einer harmonischen Abstimmung untereinander umgesetzt. In der dritten Runde stellten die deutschen [Athl]eten die Führenden und setzten sich an die Spitze.

Spätestens jetzt wusste der geneigte Zuschauer, was die Stunde geschlagen hatte. Alles sah bis zum letzten Anstieg sehr kontrolliert aus, aber dann kam das, was wir in Pyeongchang schon einmal gesehen hatten, die ultimative Attacke von Eric am letzten Anstieg. Nur diesmal konnten Riessle und Rydzek gegenhalten. Eric konnte sich nicht absetzen. Die drei deutschen Athleten sprinteten Kopf an Kopf auf die Ziellinie zu, einmal kamen sie sich gefährlich nahe, ein kurzes Straucheln - dann schossen sie hintereinander ins Ziel.

Dieser Erfolg macht unsere Jungs zum Topfavoriten im Teamwettbewerb.

Herzlichst
Laura Frenzel

OLYMPIA AS USUAL

Philipp und ich haben uns gut an den olympischen Alltag gewöhnt. Morgens im Seouler Hotel wählen wir abwechselnd europäisches oder asiatisches Frühstück, machen uns fertig und fahren im Zug nach Pyeong Chang, um uns Wettkämpfe anzuschauen. Am Wochenende sind die Stadien voll – die Koreaner sind an ihren arbeitsfreien Tagen unterwegs – und was besonders auffällt, sie lieben alle Sportarten. Ob Eiskunstlauf oder Curling, Langlauf oder Rodel, sie sind an allem interessiert und auf den Straßen und Wegen sieht man ihnen die Freude an, dass sie Gastgeber für die Welt sind. Philipp hat heute den Biathlon Massenstart der Damen und die Langlauf-Staffel der Damen ausgewählt; er möchte unbedingt eine Goldmedaille durch Laura Dahlmeier sehen. Also mache ich ihm die Freude und kaufe die Tickets. Vorher fahren wir aber nach Alpensia, um Eric bei seinem offiziellen Training zuzuschauen. Wir sehen ihn von weitem, können uns winken, aber nicht miteinander sprechen. Das Team wirkt sehr konzentriert. Kein Wunder, liegen doch wichtige Entscheidungen unmittelbar vor ihnen. Eric springt und schaut sich danach den Sprung auf dem Bildschirm an. Er diskutiert mit den Trainern, ganz zufrieden scheint er noch nicht mit den Sprüngen von der großen Schanze zu sein. Aber das ist ein normaler Anpassungsprozess, er muss die Schanze lesen lernen. Wir sehen alle drei Trainingssprünge. Ich finde, das sieht alles schon ganz gut aus und zwar bei allen deutschen Akteuren. Insgeheim freue ich mich schon sehr auf den Staffel-Wettkampf, der Spannung pur verspricht, wenn es gegen die Norweger geht.

Philipp hat sich jetzt eine warme Nudelsuppe geholt, die er wieder, zumindest teilweise, mit Stäbchen isst. Was in deutschen Fußballstadien in der Halbzeitpause die Currywurst ist, ist hier bei den Koreanern die Nudelsuppe, die es an jedem Stand gibt. Sie schmeckt Philipp hervorragend und sie wärmt schön von innen.

Gestärkt machen wir uns nun auf zu den Wettkämpfen im Biathlon und im Langlauf. In der Sonne sehen wir spannende Wettkämpfe, leider ohne deutsche Medaillen.

Der Tag hat Kraft gekostet, Philipp schläft im Zug zurück nach Seoul. Ein leichtes Abendbrot und schon schlafen wir dem nächsten olympischen Tag entgegen.

Herzlichst
Laura Frenzel

Philipp im Stadion, Pyeongchang 2018

GOLDENE JUNGS

Zwar gestärkt durch die zahlreichen Medaillengewinne, doch mit Respekt vor Norwegen, Österreich und Japan, startete die Operation Gold. Man hatte sozusagen seit Sochi vor allem mit den Norwegern eine Rechnung offen, nachdem diese der deutschen Mannschaft vor vier Jahren in Russland den Platz an der Sonne streitig gemacht hatten. Alle Sprünge von der Schanze gelangen gut und der erwartete Rückstand zu den Norwegern fiel kleiner aus als erwartet. Aber die Österreicher schoben sich in den Fokus, gewannen sie doch das Springen im Team. Vinzenz Geiger zeigte als Olympianeuling wenig Nerven und setzte die Vorgaben von Cheftrainer Weinbuch exakt um. Er schloss zum Führenden schnell auf und riss dann noch couragiert eine Lücke auf die Verfolger. Bereits Fabian Riessle hatte einen gewissen Vorsprung auf den Weg bekommen. Fabian ging auf den ersten Metern unglaublich aggressiv an. Man konnte sehen, dass er sich Gold nicht nehmen lassen wollte. Der Vorsprung konnte ausgebaut werden und die Verfolger machten auf mich recht früh den Eindruck, dass es für sie nur noch um Silber und Bronze gehen sollte. Eric bekam schon einen sehr komfortablen Vorsprung mit auf die Reise. Trotzdem lief er ein konstant hohes Tempo. Johannes Rydzek ging als letzter deutscher Läufer in die Loipe und ließ von Anfang bis zum Ende keinen Zweifel daran, wie der Olympiasieger im Teamwettbewerb der Kombinierer heißen würde. Weit vor dem Ziel schnappte sich Johannes die deutsche Fahne und trug sie über die Ziellinie zu seinen Mannschaftskameraden. Ich habe den Eindruck, dass die Teamarbeit beim Wettbewerb von der Großschanze und der Triumph im Teamwettbewerb die Mannschaft maximal verzahnt hat. Jeder einzelne Athlet der vierköpfigen Mannschaft ist mit einer Medaille geschmückt, hat für sich viel erreicht und als Krönung stehen nun alle zusammen oben auf dem Podest. Es war ein großer Wunsch von Eric, dass die Mannschaft Gold gewinnen möge. Der ist nun in Erfüllung gegangen und krönt die einmalige Erfolgsgeschichte der Kombinierer in Pyeongchang. Einziger Wermutstropfen ist aus meiner Sicht, dass Björn Kircheisen keinen Einsatz bekam, verfügte er doch wie die anderen über diese Möglichkeiten. Nochmals olympisches Edelmetall für Björn wäre ein schöner Abschluss seiner olympischen Karriere gewesen.

Die Medaillen sind gewonnen, die Gedanken richten sich nun für Philipp und mich auf die Rückreise nach Deutschland.

Herzlichst
Laura Frenzel

Olympiasieg mit der Mannschaft, Pyeonchang 2018

LANDUNG IN FLOSSENBÜRG

Take off 9 Uhr morgens in Seoul. Philipp sitzt zufrieden in seinem Seat, rechts und links die olympischen Maskottchen auf dem Schoss. Es war das erwartete Abenteuer für ihn. Zehn Tage olympische Spiele in Südkorea. Viele Eindrücke konnte er aufnehmen, vor allem alles, was sich mit fremder Kultur veband, auch jenseits des Essens. Dass sein Papa so erfolgreich war und dies vor seinen Augen auf dieser olympischen Reise, wird für ihn ein bleibendes Erlebnis sein.

Wir ziehen nach dem Start der Boeing 747 eine lange Linksschleife und überfliegen tatsächlich nochmal das Alpensia-Areal, dort, wo die Kombinierer ihre Entscheidungen hatten. „Mama, das sind die Schanzen!" – wir überfliegen den Ort des Erfolgs, an dem sich für Eric der Kreis von Sochi nach Pyeongchang schloss. Der Blick ist nach vorn gerichtet, wir fliegen mit dem Tag und Philipp freut sich schon auf das Wiedersehen mit seinen Geschwistern, denen er viele schöne olympische Kleinigkeiten mitgebracht hat.

Wir sind vor der olympischen Schlussfeier abgeflogen, um dem allgemeinen Abreisetrubel von Athleten, Betreuerteams und Journalisten aus dem Weg zu gehen. Auf dem Flug gelingt es Philipp nicht, wie ich erhofft hatte, zu schlafen. Die letzten Tage sind zu sehr in seinen Kopf und wir lassen alles nochmal Revue passieren: das Gold von Papa, die vielen anderen Wettkämpfe, die wir uns live angeschaut haben, die Restaurant-Besuche und das Treiben auf den Straßen in Seoul. Ein echtes olympisches Abenteuer liegt hinter uns, dass auch mich in den Bann gezogen hat. Der Flug vergeht in Windeseile bei all den Erzählungen und Bildern, die wir uns wieder vor Augen halten. Endlich nehmen wir die Alpen von oben in den Blick, Landeanflug auf Frankfurt – touch down! Deutschland hat uns wieder. Die Fahrt nach Flossenbürg bei schönstem Winterwetter. „Gleiche Bedingungen wie in Pyeongchang" stellt Philipp fest, der so langsam wieder in den Geschwister-Modus kommt, je näher wir an Flossenbürg kommen. Wir rollen auf den Hof, Emma und Leopold begrüßen uns.

Wir sind zurück aus PyeonChang. Wir sind zurück von den Olympischen Spielen. Die letzte Seite meines olympischen Tagebuchs ist geschrieben.

Herzlichst
Laura Frenzel

Laura und Philipp auf dem Rückflug von Pyeongchang nach Frankfurt am Main, 2018

EMMA-ENTZUG

Fast drei Wochen war ich nun fern von Flossenbürg, fern von zu Hause und damit fern von zwei meiner Kinder, insbesondere fern von Emma, die nun bald neun Monate alt wird. Während Laura mit unserem ältesten Sohn Philipp in Südkorea vor Ort war, waren die beiden jüngeren Geschwister bei Lauras Eltern geblieben. Auf dem Rückflug von Seoul nach Frankfurt stieg die Freude und die Aufregung in mir; ich wusste, dass Laura mich mit Emma in Frankfurt abholen würde. Gegen spätnachmittag dann Landeanflug auf Frankfurt – endlich hatte ich wieder deutschen Boden unter den Füßen. Die Gangway wurde an das Flugzeug geschoben und wir verließen die Maschine und das Areal via Flugfeld. Als ich Richtung Gepäckband ging, fiel mir ein Kinderwagen auf, der exakt so aus sah, wie der unsrige. Der Blick in den Wagen ließ mich noch nicht reagieren, erst als unmittelbar meine Frau hinter dem Wagen zum Vorschein kam, war ich perplex.
Das war Emma?! Fast drei Wochen Abwesenheit von zu Hause hatten bewirkt, dass ich unsicher im Erkennen unserer Tochter war, die sich mit ihren acht Monaten Lebensalter in eben diesen drei Wochen kolossal im Gesicht verändert hatte.

Die Fahrt nach Flossenbürg über hatte ich Zeit, mich an meine „neue, alte" Emma wieder zu gewöhnen.

Es folgten drei Tage in Flossenbürg, zwar nicht in Ruhe, aber eben zuhause bei Laura und den Kindern.
Die Tage von Pyeongchang liegen hinter uns und die letzten Weltcups in dieser Saison stehen an. An vier Wochenenden acht Wettkämpfe: Lahti, Oslo, Klingenthal und Schonach. Ich freue mich auf den Fortgang der Saison und vor allem darauf, dass die letzten beiden Weltcups auf heimischen Boden stattfinden werden. Meine persönliche Ambition ist, noch soweit wie möglich im Gesamtweltcup-Ranking nach vorne zu kommen. Sprungperformance und Langlaufleistung passen wieder und diesen olympischen Schwung werde ich nun in die Wettbewerbe mitnehmen, die vor uns liegen.

Das Beste an den Restplanungen für die Saison wird jedoch sein: nie werde ich mehr als vier Tage von zuhause abwesend sein. Die Gefahr eines weiteren folgenschweren Emma-Entzugs ist im Grunde genommen gebannt.

Frankfurt am Main 2018: Rückkehr von den Olympischen Spielen und Wiedersehen mit Emma und Leopold

SKISPITZEN
Eric Frenzel

WELTCUPSAISON 2018/2019

STANDORTBESTIMMUNG

Lillehammer 2018, Trainingslager

Nach der erwarteten Windlotterie zum Weltcup-Auftakt in Kuusaamo, der wieder viele Mitfavoriten zum Opfer gefallen sind, stehen wir mit den drei Wettkämpfen in Lillehammer vor der ersten richtigen Standortbestimmung dieser Saison, die wohl spannender nicht werden könnte. Meiner Meinung nach hat sich die Weltspitze verbreitert und ist insgesamt auch enger zusammen gerückt. Die Norweger besitzen ein sehr starkes Team, aus dem jeder einzelne Weltcupsiege erringen kann. Sie haben ein beachtliches Sprungniveau, das für andere schnell einen Rückstand von mehr als einer Minute in der Loipe entstehen lassen kann, was schwer aufzuholen ist, da sie neben exzellenten Springern auch exzellente Läufer haben. Jarl Magnus Riiber gilt dabei mein größtes Augenmerk. Seit zwei Saisons im Grunde genommen das große norwegische Talent, hat er in einzelnen Wettkämpfen seine Stärke bereits aufblitzen lassen, bisher aber an Konstanz vermissen lassen. Sollte sich das für diese Saison anders entwickeln, haben wir bereits den ersten Anwärter auf die große Kugel im Visier. Mario Seidel und Akito Watabe wird man im Kampf um die Weltcup-Spitze auf dem Zettel haben müssen und natürlich die eigenen Mannschaftskameraden Fabian Riessle und Johannes Rydzek.

Die ersten drei Wettkämpfe nach dem Weltcup-Opening werden Aufschluss darüber geben, auf welchem Niveau sich die Genannten bewegen.

Ich freue mich auf diese Standortbestimmung, zumal sie für mich unter einem guten Omen steht. Meinen ersten Weltcup-Sieg konnte ich bei einem Massenstart erringen, nun wird nach 2009 zum ersten Mal wieder in Finnland ein solches Rennen durchgeführt werden: erst Laufen, dann Springen.

Ich liebe derartige Wettkämpfe, bei denen es selbstverständlich auch auf Taktik ankommt, zumindest in den ersten drei Runden. Interessant dabei ist, dass viele Starter das an diesem Wochenende zum ersten Mal machen werden, in der deutschen Mannschaft bin ich zum Beispiel der einzige, der je ein Massenstart–Rennen im Weltcup absolviert hat. Gestartet wird als Block, bei dem die Führenden im Gesamtweltcup in den ersten Startreihen zu finden sind. Die Anfangsphase wird vor allem bei den jungen Hasen von Nervosität geprägt sein, alles ist sehr eng, man will Stürze und Stockbrüche vermeiden und ist sehr auf den Loipenverkehr konzentriert. Man will so schnell wie möglich in eine gute Ausgangposition, was auch schnell Fehler hervorbringt. Achtsamkeit ist also gefragt und ein klein wenig Geduld, um so gerade in der Anfangsphase Lücken und Räume zu erkennen, die für einen günstigen Rennverlauf zu nutzen sind.

Ein gutes Rennergebnis wird einem dann auch auf der Schanze im Zweifel das nötige Selbstbewusstsein geben.

WEIHNACHTSWELTCUP

Wenn es ein Weltcup schafft, ihn mir eine weihnachtliche Stimmung zu erzeugen, dann ist es in der Tat der Weltcup in Ramsau am Dachstein. Auch diesmal sind die Voraussetzungen gigantisch für ein Lauf-und Springspektakel: Schnee, Schnee, Schnee.

Unsere Pension Tischlberger, die der DSV seit Jahren nutzt, sieht aus wie ein schneeweißes Hexenhäuschen; auch den Tischlbergers ist es geschuldet, dass die Anreise von der Autobahn über viele Serpentinen auf das Dachstein-Plateau für uns alle das Gefühl in sich birgt, nach Hause zu kommen. Doch schnell weichen die Weihnachtsgefühle der harten Realität und der Konzentration auf die noch vor Weihnachten anstehenden Wettkämpfe, scheinen sie doch für den weiteren Verlauf des Weltcups weichenstellende zu sein. Wird Magnus Jarl Riiber seine Erfolgsserie fortsetzen, so ist das ein Hinweis, dass der Weg zur großen Kugel in dieser Saison nur über ihn geht, oder schlagen die Verfolger, einschließlich meiner Person, zurück und verkürzen die Punktstände im Weltcupranking. Kann man dann den Norweger nervös machen?

In den letzten Jahren war es gerade die fehlende Konstanz des Norwegers, die ihm Größeres verwehrte. Überhaupt ist die Frage, wie alle aus der zweiwöchigen Pause gekommen sind, die alle Teams zum akribischen Arbeiten an der Sprungperformance genutzt haben. Gerade beim Springen als Grundlage für den weiteren Verlauf des Wettkampfs kann ich mir gut vorstellen, dass der eine oder andere stärker in den Weltcup zurückkehrt, als er sich vorher präsentiert hat. Das ist im Grunde das Spannende an diesem Wochenende: die Sprungergebnisse. Das gilt natürlich auch für uns Deutsche, bei denen ja noch Platz für Optimierung war. Ich persönlich habe die zwei Wochen Trainingslager in Lillehammer gut nutzen können, den einen oder anderen Bewegungsablauf neu aufzubauen und entsprechend zu optimieren.

Ich will also am Dachstein angreifen, mit guten Sprüngen und mit einer guten Laufleistung, die bei mir ja schon in den Vorwettkämpfen stimmte. Sollte alles passen, sollte ich auf Magnus Jarl Riiber einige Punkte wieder gut machen können.

Das wäre die Bescherung, die ich mir wünsche, damit auch bei meiner Abreise aus der Pension Tischlberger die weihnachtliche Stimmung mein Begleiter ist und ich mich mit meiner Familie in den österreichischen Bergen ein paar Tage beruhigt und zufrieden zurückziehen kann.

Gosau, Dachsteinkönig 2018, Weihnachten mit der Familie

RÜCKZUG NACH SEEFELD

„Gleich kommt die Nordische Kombination im Fernsehen", ruft mir der Portier des Seefelder Hotels „Zum Gourmet" zu. Ja, richtig, denke ich, in Otepää jetzt gehen die Kollegen in die Loipe – ich dagegen habe mein Tagwerk soeben erledigt. Tausende Kilometer vom Weltcup entfernt bin ich während des Weltcups der einzige Teilnehmer eines ganz speziellen Lehrgangs und dies in Vorbereitung auf die Weltmeisterschaft in Seefeld. Unmittelbar nach Weihnachten waren wir schon mal hier, mit dem ganzen Team, um an der Sprungperformance zu arbeiten. Das hat mir gut getan, da ich aber im Hinblick auf die WM bestmöglich vorbereitet sein möchte, entstand in mir der Gedanke, dass ich in Seefeld bleibe, um an mir weiter zu arbeiten. Während die Mannschaftskameraden packten und sich wieder in die Weltcupmühle begaben, plante ich entspannt auf dem Hotelbett liegend meine nächsten Tage. Einerseits wollte ich im Hinblick auf den Saisonhöhepunkt, aber auch auf den weiteren Verlauf des Weltcups nochmals Extraeinheiten von den Schanzen fliegen, auf denen im Februar die Grundlage für die Titel gelegt wird.

Ein ungewohntes Gefühl, den Teammitgliedern bei deren Abreise hinterherzuwinken, aber eine richtige Entscheidung.

Das Springen ist mehr denn je der entscheidende Faktor, wenn es um die vorderen Plätze geht. Fällt man aus den Top Five beim Springen raus, wird es heutzutage sehr schwer, sich eine vordere Platzierung in der Endabrechnung zu erarbeiten. Wann sollte es einen besseren Zeitpunkt für ein kleines, privates Trainingslager geben, als jetzt während des Otepää-Weltcups. Danach stehen Weltcuporte mit jeweils drei Wettkämpfen hintereinander an, Predazzo und Chaux-Neuve, da passen keine zusätzlichen Trainings hinein, und welcher Ort sollte besser sein, als der, an dem wir in wenigen Tagen um Edelmetall bei der WM kämpfen.

Ein Analytiker aus dem Technikteam wurde abgestellt, um bei mir in Seefeld zu bleiben, um die notwendigen Monitorauswertungen während des Absprungs und der Flugphase vorzunehmen. Hinter mir liegt eine Woche phantastischen Arbeitens und ich habe einen weiteren Schritt bei der Optimierung der Sprünge gemacht. Ich kann sagen, dass ich mittlerweile hinter jeder Phase des Sprungs mit maximalen Gefühl stehe und das ist eine gute Voraussetzung für das, was vor mir liegt.

Sollte das im Wettkampf umgesetzt werden, was mir im Training mühelos in Folge gelang, dann werde ich in den nächsten sechs Wettkämpfen wohl mehr als die Punkte im Gesamtweltcup gutmachen, die ich jetzt durch mein Fehlen in Otepää verloren habe. Das ist der Plan.

Seefeld 2019, Trainingslager

ZENTIMETER UM ZENTIMETER

Um es vorneweg zu nehmen: ich bin mit meiner Laufleistung mehr als zufrieden. In den Einzelwettbewerben und auch beim Teamsprint von Val di Fiemme lag ich in der Spitze und ich fühle, dass ich diese Saison auf hohem läuferischem Niveau weiterbestreiten kann. Der Fokus liegt – wie in der letzten Saison – wieder auf dem Springen. Ich kämpfe hier tatsächlich gegenwärtig Zentimeter um Zentimeter. Die Grundkomponenten der einzelnen Sprünge am Wochenende fühlen sich gut an, es sieht von außen nicht fehlerhaft aus und trotzdem fehlen am Ende die entscheidenden Zentimeter, die einen besseren Startplatz verhindern. In der heutigen Weltspitze entscheiden in der Nordischen Kombination Zentimeter auf der Sprungschanze, ob man Erster oder Zehnter wird. Die Arbeit rund um das Springen geht also in die nächste Runde. Motiviert von meinem Sonntagslauf, in dem ich von Platz 15 auf Platz 5 vorlaufen konnte und ich wieder mal eine Bestätigung meiner guten Laufform bekam, werde ich weiter mein Sprungsystem ausforschen, an welchen Stellen die Optimierung notwendig ist. Identifizieren wir die entscheidenden Punkte, können wir daran sofort arbeiten, was schnell Weitenzuwachs bedeuten sollte, der mich sogleich in der Loipe in eine andere Position bringen wird.

Das ist meine Motivation, ich will und ich werde den Knoten zum Platzen bringen, zumal ich darin ja schon etwas Erfahrung habe, nachdem ich in der letzten Saison auch eine mäßige Sprung-Performance aufwies und ich pünktlich zu den Olympischen Spielen die Probleme in den Griff bekommen hatte.
Das ist offensichtlich wieder die Blaupause für die Gegenwart, ich lasse mich nicht aus der Ruhe bringen, weil ich weiß, dass es nur um Kleinigkeiten geht, die miteinander besser abgestimmt werden müssen, um große Effekte zu erzielen. In Gedanken liege ich auf der Lauer, während wir es im stillen Kämmerlein natürlich anders betreiben, es herrscht maximale Aktivität um das Thema der Sprungform, wir analysieren akribisch, schauen uns jede Phase des Fluges an, um Bewertungen und Ableitungen vorzunehmen. Auch meinen Körper werde ich nochmal, wie damals zu den Olympischen Spielen, auf den Prüfstand stellen. Insbesondere, was die Muskulaturen anbelangt, die für das Springen relevant sind, vor allem die rund um die Knie. Sind alle Muskeln ansteuerbar?

Gibt es Dysbalancen oder gar Verklebungen, die zu Muskelabschaltungen führen können oder geführt haben? Überall können Quellen für kleine Fehler liegen, der Grund für ein paar Zentimeter zu wenig, die später über Gold oder Holz entscheiden.

Ich arbeite mit Geduld und Zuversicht an dieser Aufgabe.

Weltcup Val di Fiemme 2019: In der Rolle des Verfolgers

NEVER GIVE UP!

Wenn ich eine Geschichte zu erzählen hätte, mit er man andere lehren wollte, nie aufzugeben und immer an sich zu glauben, um am Schluss dann noch zu siegen, es wäre die Geschichte meiner diesjährigen Weltcup-Saison mit dem jetzigen Höhepunkt, dem doppelten WM-Titel in Seefeld.

Ich kann gar nicht beschreiben, was mir durch den Kopf ging, als ich über die Ziellinie lief, unmittelbar bevor der Gesprächsmarathon losging in der Mixed-Zone und später bei der Pressekonferenz, begleitet von Dopingkontrolle und Siegerehrung. In diesem einen Moment, in dem ich an diesem Tag zum letzten Mal mit mir allein war: Laura und die Kinder, die jetzt irgendwo im Publikum waren und wahrscheinlich Tränen vergossen, meine Eltern, alle schlechten Sprünge dieser Saison, mein Trainer Frank Erlbeck mit seinen Sondertrainingseinheiten in Planica, mein Manager Stephan Peplies, der mich wieder wie zuvor in Pyeongchang nochmals in Potsdam bei seinem Sportbiologen Prof. Dr. Dieter Lazik vorstellte, der wieder das Muskel-Sehnen-Gelenksystem für das Springen richtete, mein Freund Björn Kircheisen, der mich immer wieder aufrichtete, wenn es in der Saison suboptimal lief, alle waren in meinem Kopf und bei mir in diesem Moment, in dem ich allein und ausgepowert im Schnee von Seefeld lag und meinen Einzel-WM-Titel feierte. Alle Mühen dieser Saison hatten sich ausgezahlt, alles Hadern, Kämpfen, Nachdenken, Grübeln, lag hinter mir. Ich hatte es nun schon zum zweiten Mal nach Pyeongchang geschafft, nach einer schlechten Saison, die im schlechten Springen begründet war, die Krone zu greifen. Den bisher besten Sprung der Saison genau beim wichtigsten Wettkampf der Saison zu springen, das ist die große Parallele zu den Olympischen Spielen. Ich bin mehr als glücklich und dankbar, vor allem denen, die mit mir gearbeitet haben, um letzte Chancen doch noch wahrzunehmen. Mein Team und ich, wir haben uns alle belohnt und gezeigt, dass sich Arbeiten und „An–sich–glauben" einiges bewegen kann. Never give up! – das war in der Tat die Lebensmaxime der Saison. Dass dann mit Fabian Riessle noch im Team-Sprint Gold dazukam, mutet märchenhaft an. Ich bin zufrieden. Alles, was bei dieser WM noch kommt ist eine Zugabe. Zufriedener kann ich nach diesem WM-Doppel-Gold nicht sein.

Mein Fokus liegt nun auf dem nächsten Wettkampf und der Staffel am Wochenende. Mit der Mannschaft noch Weltmeister zu werden, das wäre das Schönste!

Wieder Weltmeister! – Seefeld 2019, Einzel Großschanze, mit Jan Smid und Franz-Josef Rehrl

BEI DER FAMILIE

Nach rund sechs Stunden Fahrt nehme ich die letzten Meter hoch zu der Anhöhe, auf der unser Haus steht. Philipp und Leopold hatten mein Auto schon von weitem gesehen und mit allen Armen kräftig gewunken. Hupend fahre ich auf den Hof und begrüße meine Jungs, drinnen stelle ich das Handgepäck ab und begrüße Emma und Laura. Ja, ich bin wieder zu Hause, nach unglaublichen zehn Tagen in Seefeld, die eine durchwachsene Saison zu einer herausragenden werden ließen. Die Weltmeistertitel sechs und sieben, also zwei Goldmedaillen und eine Silbermedaille bringe ich wieder mit von der Weltmeisterschaft, von dem Ort, an dem ich so oft, wie an keinem anderen gewonnen habe. Wieder mal war ich im Seefeld-Fieber, im Glücksfieber. Während sich Emma gleich mal um das Ausräumen des Handgepäcks kümmert und sich zielsicher eine der Goldmedaillen um den Hals hängt und die andere mit großen Augen bestaunt, sitze ich mit meiner Frau in der Küche und wir schauen uns stumm vor Glück an. Was für eine Saison, in der ich mich mit den Ergebnissen auf der Schanze gequält hatte, was für ein Hadern und Grübeln, was für eine hektische Vorbereitung auf diese Weltmeisterschaft.... und dann, dann gelingt mir der beste Sprung der Saison im Einzelwettkampf von der großen Schanze und bringt mich in die Pool-Position, die ich dann auch nutzen konnte. Die Erleichterung und die Befreiung, dieses umfassende Glücksgefühl haben mich dann gleich zum zweiten Gold getragen. Diese Erfolge haben mich für alle Niederlagen in der Saison entschädigt und mündeten dann in den Superlativ, erfolgreichster WM-Teilnehmer aller Zeiten zu sein. Der Mannschaftswettkampf, die Staffel, brachte zur Abrundung dann noch die Silbermedaille, durchaus eine hart umkämpfte, nachdem Johannes Rydzek nicht gerade seine besten Karrieretag hatte und schauen musste, überhaupt ins Ziel zu kommen. Dass dann noch Silber herausgeholt wurde, zeigt eindrucksvoll die Teammentalität im deutschen Lager. Silber war letztlich wie eine Goldmedaille im Hinblick auf das Einstehen des einen Mannschaftsmitglieds für das andere.

Ich sitze rundum glücklich mit Laura beim Kaffee und schaue auf unsere Kinder. Mittlerweile hat Emma sich alle Medaillen umgehängt und macht damit auch einen sehr zufriedenen Eindruck. In aller Ruhe kramt sie jetzt die anderen Sachen hervor, die in der Tasche sind. Recht hat sie, die Taschen müssen geleert werden.

Ich bin endlich wieder zu Hause. Die Dinge sind so gekommen, wie ich sie mir vorher hätte nicht träumen lassen.

Flossenbürg 2019, Winterspaziergang mit Emma und Leopold

RUHE

Vor der Weltmeisterschaft hatte mich ein Infekt fest im Griff und ich konnte gerade noch so vor dem Start der Wettkämpfe die Viren besiegen. Nach dem Weltmeistertitel bin ich nun schon wieder oder vielleicht immer noch im Bann der Erreger: „Influenza A" sagt der Mannschaftsarzt und wir alle wissen, dass diese Entwicklung nun wohl schon das Saisonende einläutet. Die letzten Weltcuprennen werden ohne mich stattfinden. Der oberste ärztliche Rat heißt Auskurieren und keine Risiken eingehen, zumal die Saison und die Vorbereitungen auf die Weltmeisterschaften in Seefeld genug kräftezehrend waren.

Ich liege also auf dem Sofa in Flossenbürg und schaue mir fortan den Wintersport im Fernsehen an, bin bei meiner Familie und genieße es, die Kinder beim Spielen um mich zu haben. Es kehrt Ruhe ein, von der ich meine, dass ich sie mir auch verdient habe. Wenn die Kinder am Vormittag in der Schule und im Kindergarten sind und Laura beim Einkaufen, lasse ich mir die letzten zwei Jahre durch den Kopf gehen, die mit ungewöhnlichen Saisonverläufen einhergingen. Immer bedingt durch das Springen waren es durchwachsene Saisonleistungen, bis die Großereignisse kamen, bei denen mir immer der große Wurf gelang: Olympiasieg in Pyeongchang und Weltmeistertitel in Seefeld. Nicht nur auf meine Laufleistung, sondern auch auf meine Nerven konnte ich mich immer verlassen und es hat sich ausgezahlt, keine Energie mit Hadern und Jammern zu verschwenden, sondern jeweils bis zur letzten Minute an den Dingen zu arbeiten. Trotzdem mache ich mir in aller Ruhe Gedanken um die Zukunft und um die zukünftige Herangehensweise bei der Saisonvorbereitung, wenn es um das Springen geht. Die Sprungleistung basiert auf mehreren Aspekten, die sich auf Körper und Material, sprich Skischuhe, Bindung und Ski beziehen. In jeder Saison aufs Neue sind Abstimmungsfragen zu lösen. Die Schuhhärte im Zusammenspiel mit der Bindung sind die Komponenten, mit denen der Flug sozusagen gelenkt wird. Durch diese beeinflusst der Sportler den gesamten Flug vom Absprung bis zur Landung. Fehlt der innere Zugang zu diesen Dingen, fehlt das Gefühl für auch nur eine der Komponenten, geht der Sprung nicht weit. Dass dies zweimal in den Saisons der Fall war, bringt mich zum Nachdenken. Ich werde mit meinen Trainern sprechen, wir müssen unser System zur Fehlererkennung und Fehlerbehebung optimieren. Dass ich trotzdem Olympiagold und Weltmeisterlorbeer gewinnen konnte, verstellt nicht den Blick dafür, dass gehandelt werden muss.

Wir werden das nun in Ruhe angehen, denn in ihr liegt bekanntlich auch die Kraft.

Emma und Leopold im Wohnzimmer

SKISPITZEN
Eric Frenzel

WELTCUPSAISON 2019/2020

Kuusamo, Weltcupauftakt 2019

NACHJUSTIEREN

Die Vorbereitungen auf diese Saison waren verheißungsvoll, die Sprungperformance stand und die Laufform konnte und könnte besser nicht sein, trotzdem erleben wir eine norwegische Dominanz, besser gesagt die Dominanz eines einzelnen Norwegers, Jan Magnus Riiber, der nun schon seinen fünften Sieg im fünften Rennen feiern durfte - natürlich zurecht feiern durfte. Riiber ist gegenwärtig das Maß der Dinge, das muss man mit großem Respekt anerkennen, er verfügt offensichtlich beim Springen über das perfekte Set-up, bestehend aus persönlicher Technik und Material. Ich glaube, dass das Springen bei ihm so perfekt sitzt, dass er sich auf der Schanze sogar Fehler erlauben kann und in der Loipe bisher überhaupt nicht an seine läuferischen Grenzen gehen musste; ideale Rahmenbedingungen für einen Kombinierer, wie ich sie ja auch fünf Jahre lang erleben durfte.

Was werde ich tun? Was wird das deutsche Team tun?

Bis zum Weltcup in Ramsau ist weiteres Arbeiten auf der Schanze nötig. Ich habe mich in der Vorbereitung zunächst auf meine Sprungtechnik fokussiert, die ich bei Saisonstart als sehr gut eingeschätzt habe. Offensichtlich reicht das aber nicht, um einem Riiber derzeit Paroli auf der Schanze zu bieten. Wir müssen nun wieder an das Material denken und versuchen, die dort schlummernden Optimierungsmöglichkeiten auszureizen. Veränderungen im Materialbereich werden natürlich die Sprungtechnik beeinflussen oder anders gesagt: neue Lösungen an Ski, Bindung und Schuh werden wieder eine andere Technik erfordern, was wiederum Zeit benötigen wird. Zeit, um Automatisierungen im Bewegungsablauf zu erreichen. Ja, es sind jetzt kleine Wettläufe mit der Zeit. Jeden Tag werden Trainer, Mannschaft und Analysten akribisch daran arbeiten, den Abstand zu Riiber auf der Schanze zu verringern. Dass so etwas geht, habe ich ja in der letzten Saison bewiesen, als wir bis zum Saisonhöhepunkt, der Weltmeisterschaft in Seefeld, am Springen gearbeitet hatten und der beste Sprung der Saison meinerseits zum WM-Titel führte. Also, eine neue Saison und eine alte Aufgabe.

Dieses Arbeiten gerade im Hinblick auf die Konkurrenz ist wichtig, insbesondere in Vorbereitung auf die nächsten Jahre mit den Saisonhöhepunkten Weltmeisterschaft und Olympische Spiele. Für mich ist diese Aufgabe eine große Herausforderung, der ich mich gerne stelle. Den Zuschauern zeigt es einmal mehr, dass die deutsche Mannschaft in den großen fünf Jahren jeden Erfolg erarbeitet und erkämpft hat, auch wenn es manchmal von außen leichter aussah. In der jetzigen Periode, insbesondere in dieser Saison ist es anders, die Deutschen sind nicht die Favoriten und diese Rolle müssen wir nun auch annehmen.

Nachjustieren, Arbeiten, Analysieren,
Ableiten – in kleinen Schritten.

NEUJAHRSSPRINGEN À LA EMMA

„Springen, Springen, Springen!", schallt es aus dem Wohnzimmer, als ich von meinem Training an der Silberhütte nach Hause zurückkomme. Lauras Auto stand nicht im Carport, was mich ein wenig verwundert hatte. „Springen, Springen, Springen!", zweifelsfrei waren die Kinder aber da, wie man an den Stimmen von Leopold und Philipp gut vernehmen konnte. Ich zog mir allerdings jetzt doch etwas schneller als sonst die Schuhe aus, da ich bereits einen einzelnen Sprungski von mir quer im Weg auf dem Gang zur Küche erspähen konnte und meine väterliche Intuition mir untrüglich sagte, dass Gefahr im Verzug sein könnte. Mein bereits im Flur gerufenes „Hallo Kinder, Papa ist da", wurde ganz und gar kompensiert durch den Anfeuerungsruf, den ich nun schon dreimal seit meinem Eintritt ins Haus gehört hatte: „Springen, Springen, Springen!".

Über diverse Ausrüstungsteile, wie Skibrillen, Startnummern und Helm sprang ich jetzt hinweg, um endlich freie Sicht auf meine kleinen Protagonisten zu bekommen und erfasste die Situation sofort. Offensichtlich angestachelt durch das gemeinsame familiäre Schauen des Neujahrsspringens der Vierschanzentournee stand Emma, unsere Jüngste, auf dem Wohnzimmertisch, Gott sei Dank ohne Skier unter den Füßen, was unserem Mobiliar nicht besonders gut getan hätte, aber offensichtlich bereit zum Absprung Richtung meiner Trophäensammlung mit allen großen Kristallkugeln für die Gesamtweltcupsiege. Ohne noch zu überlegen, ob Emma von den Brüdern angestiftet wurde oder gar als Versuchskaninchen als erste vom Tisch gelassen werden sollte oder ob sie dagegen protestieren wollte, dass es nur für die Spezialspringer eine Vierschanzentournee gibt und nicht für uns Nordischen Kombinierer, schrie ich so laut ich konnte: „Gegenwind, nicht abwinken!", da ich immerhin schnell erfasst hatte, dass Emma offensichtlich originalgetreu gewartet hatte, bis Leopold ihr mit einer kleinen Deutschlandfahne das Signal zum Springen geben wollte.

Der Telemark in meine Pokalsammlung war verhindert. Verschämt schmunzelte mich Emma an und breitete die Arme zur Umarmung, während die jungen Herren der Schöpfung diesen Moment nutzten, sich auf ihre Zimmer hochzuschleichen. Nach einer kurzen Erklärung an meine Tochter, dass Springen grundsätzlich eine Outdoor-Sportart sei, gingen wir daran, das Chaos zu beseitigen, das die junge Schar mit meinen Ausrüstungsgegenständen im Wohnzimmer angerichtet hatte. Pünktlich zur Wiederherstellung ordentlicher Verhältnisse schloss Laura die Haustür auf und die Jungs schauten wieder über das Treppengeländer.

Auf Lauras Frage, ob bei uns alles in Ordnung sei, erwiderten wir alle vier mit einem überzeugendem „Ja" und halfen, den Einkauf auszuräumen, um uns dann auf das gemeinsame Familienabendessen zu freuen.

Sprungimitationsübungen von Philipp und Leopold im heimatlichen Wohnzimmer, Flossenbürg 2019

SCHANZENTOURISMUS

Während zahlreiche Familien angesichts der kalten Temperaturen und der nass-feuchten Witterung begierig die Reisekataloge nach ultimativen Sonne- und Strand-Kurzurlauben durchstöbern, überlegen wir angestrengt im Team, wo wir hinfahren, um wochenweise unsere Schanzentrainings zu absolvieren, um die Zeit der wettkampfreien Phase für das Springtraining zu nutzen. Auch wir müssen dabei das Wetter im Blick haben, da wir uns nicht nach Sonne, sondern nach Schneesicherheit und knackige Temperaturen sehnen: also Planica, Innsbruck, Garmisch statt Karibik, Seychellen oder Mauritius. Unsere Reiseroute begann unmittelbar nach Weihnachten zu Hause in Flossenbürg nach Planica, 650 km entfernt, dort herrschten sehr gute Bedingungen zum Springen, wie auch andere Nationen eruiert hatten. Die Schanzen waren großartig präpariert, so dass die Nationen in großen Schlangen zum Sprungturm anstanden, viele Juniorenteams aus dem Bereich Spezialspringen und Nordische Kombination, was schon mal dazu führte, dass man beim Anstehen Autogramme schreiben musste. Die Trainingsphase in Planica war sehr intensiv, vier bis sechs Sprünge nebst Auswertung pro Trainingstag haben mich wieder einen kleinen Schritt näher an die optimale Sprungform gebracht. Nach Planica kehrte ich wieder nach Hause zurück, um eine Woche Training in Oberwiesenthal zu absolvieren. Neben dem Springen standen nun auch noch Lauftraining in der Loipe und Krafttraining auf dem Programm. Am wichtigsten aber auch wieder: das Schanzentraining unter den Augen meines Heimtrainers Frank Erlbeck. In den letzten Jahren waren auf Grund der Terminkalender solche ausführlichen Heimtrainings in der Saison nicht denkbar. Auf Grund einer fehlenden Großveranstaltung springen wir dieses Jahr ja nur die Veranstaltungen des Weltcups, so dass der Zeitplan nicht ganz so straff wie sonst ist. In der jetzigen Situation bin ich natürlich froh über die Möglichkeit, mit Frank meine Sprünge zu diskutieren.

In Gedanken sind die Koffer für die weiteren Weltcupstationen gepackt. Bevor es im Süden weitergeht mit den Wettkämpfen, werden wir schlussendlich auch diese Anreise nutzen, um einigen Schanzen noch vorher den Besuch abzustatten. Im Blick der Trainer sind Garmisch und Innsbruck, worauf ich persönlich mehr auf Garmisch hoffe, da es positive Erinnerungen in mir weckt. Vor Pjöngchang waren wir auch ins Allgäu gereist, um uns den letzten Schliff für die Olympischen Spiele zu holen, was ja bekanntlich zu Gold führte. Von daher würde ich ein Kurztrainingslager in Garmisch begrüßen, um mich vor allem für das Triple-Event in Seefeld zu rüsten.

Die Trainingsintervalle auf den Schanzen jenseits der Wettkämpfe haben mir gut getan, die Richtung stimmt, ich habe das Podest wieder im Visier.

Trainingslager in Planica, 2019

EXPERTENWISSEN

Als die Reporterin des norwegischen Fernsehsenders NRK mir das Mikrofon für eine Liveschaltung nach Norwegen in die Hand drückte, war ich bestens gerüstet. Seit zwei Jahren hat sich die junge Dame auf den Zweikampf zwischen ihrem Landsmann Jarl Magnus Riiber und mir quasi spezialisiert und kennt bereits wenige Sekunden nach Wettkampfende alle wettbewerbsrelevanten Parameter, die im Kampf Mann gegen Mann eine Rolle gespielt haben. Mit Sprungweiten und Laufzeiten hält sich die Dame gar nicht groß auf, sondern ist eher an Absprunggeschwindigkeiten am Schanzentisch und an Winkelstellungen der Stöcke beim Langlauf interessiert. Würde jemals eine Doktorarbeit zum Thema Nordische Kombination zur Veröffentlichung kommen, würde ich blind darauf tippen, dass die Verfasserin diese Norwegerin namens Linda sein müsse.

Entsprechend vorbereitet war ich, als wir uns in der Mixed Zone nach dem Einlauf trafen. Ich hatte mich im Vorfeld präpariert und wusste so ziemlich alles, was man an Sekundärdaten zum Wettkampf vorhalten konnte. Doch Linda erwischte mich wieder einmal kalt, als sie mich fragte, wie sich meiner Erfahrung nach die bevorstehende Vaterschaft von Jarl Magnus Riiber auf die Wettkampfspannung auswirken werde. Die Nachricht des werdenden Vaters hatte sich im Sportlerlager noch nicht herumgesprochen, so dass ich mit einer echten Insiderinformation versorgt wurde. Nachdem ich mich spontan über den norwegischen Nachwuchs gefreut hatte, und darüber, dass ich auf Grund meiner dreifachen Vaterschaft auch in dieser fachlichen Angelegenheit international als Experte angesehen werde, wiederholte ich laut die Ausgangsfrage, um Zeit zum Nachdenken zu gewinnen:

Wie wirkt sich eine bevorstehende Vaterschaft auf die Wettkampfspannung bei einem Nordischen Kombinierer aus? Mit ernster Miene zitierte ich zunächst die Piloten aus dem Motorsport, dass man als Fahrer pro Kind eine Sekunde an Rundenzeit verlieren würde, da die Verantwortung für die Familie immer mitfahre, um dann die Parallelen zur Nordischen Kombination zu ziehen.

Natürlich könnte es sein, dass man auf Grund von Schlafmangel, den einem der Nachwuchs beschere, den Absprung am Schanzentisch falsch setzen könne, weil Konzentrationsfähigkeit und Schlafmangel in klarer Abhängigkeit stünden. Weitenverlust wäre dann die Folge, was meinem norwegischen Vaterkollegen in spe gleich mal um zwanzig Startplätze beim 10 km-Lauf nach hinten schieben würde. Denkbar wäre aber auch, dass durch das Schieben des Kinderwagens das Sprintvermögen leide, da man sich an ruhige und langsame Schritte gewöhne und eine dem Sprint entgegengesetzte Automatisierung einsetze.

Das strahlende Lächeln im Gesicht der Norwegerin war einer Fassungslosigkeit gewichen, da sie offensichtlich realisierte, dass der Nachwuchs die gegenwärtige Vormachtstellung von Jarl Magnus unterlaufen könnte, was mich zum tröstenden Schlusssatz veranlasste:

„Das kann so kommen, muss aber nicht!"

OMEN IN OBERSTDORF

„Lasse und Birger fiebern dem Zusammentreffen mit Philipp das ganze Jahr entgegen", versichert mir die Mutter der Jungs. Die jungen Schweden und mein Sohn hatten sich am Rande eines Wettkampfs in Falun vor Jahren kennengelernt und waren schnell mehr am gemeinsamen Iglu-Bauen interessiert gewesen als am Wettkampfgeschehen in der Loipe. Seit diesen Tagen ist eine Freundschaft entstanden, die dazu geführt hat, dass die schwedische Familie einmal im Weltcupwinter im außerskandinavischen Europa einen Weltcup besucht und dass sich Philipp mit autodidaktischen Schwedisch-Übungen an seinem kleinen Schreibtisch in Flossenbürg ernsthaft auf das Wiedersehen vorbereitet. Diesmal hat die Familie Pärson mit ihrem blau-gelben Wohnmobil das deutsche Oberstdorf als Ort des Wiedersehens ausgewählt, nachdem in den letzen Jahren Val di Fiemme und Seefeld auf dem Programm standen. Wie immer haben sie in der Nähe des deutschen Mannschaftshotels Quartier aufgeschlagen, damit die Wege zwischen Lasse, Birger und Philipp möglichst kurz gehalten werden. Die beiden Brüder warten mit ihrer Mutter und mir vor dem Hoteleingang und wir unterhalten uns, auf Philipp wartend, überwiegend auf Deutsch. Ja, sehr viele Schweden können sich auf Deutsch verständigen, was immer wieder auffallend ist, wenn man ihnen am Rande von Wettkämpfen begegnet und auf Deutsch um Autogramme gebeten wird.

Gegen diese Bequemlichkeit, dann natürlich auch Deutsch zu sprechen, bewusst agierend, stapeln sich daher seit geraumer Zeit in Philipps Zimmer die Langenscheidt-Sprachkurse „Schwedisch für Anfänger" und „Schwedisch für Fortgeschrittene", was mir zeigt, dass sein Leistungs- und Kenntnisstand offensichtlich irgendwo dazwischen liegen müsste. Familie Pärson ist begeistert, als sich unser Sohn mit großen Schritten und blau-gelber Wollmütze nähert. Das Lob über seine Kopfbedeckung quittiert er mit breitem Grinsen und einwandfreier Betonung „Sverige ar fantastik" und schon schwirren die Jungs ab, um sich, wie mir die Mutter mitteilt, ihrerseits nun mit norwegischen Jungs zu treffen, um kleine Schneeschanzen zu bauen. Die Norweger stellen mit Abstand die größte Fangemeinde bei den Weltcups quer durch Europa dar und bevölkern vor allem nach norwegischen Siegen die Fußgängerzonen der Weltcupörtchen, was in diesem Winter zugegebenermaßen schon sehr oft vorgekommen ist. Ja, und mit diesen starken Norwegern werden wir uns in dieser Saison hier in Oberstdorf zum ersten Mal in dieser Saison in der Staffel messen, wenn wir gegen sie auf 4 x 5 km Mann gegen Mann antreten werden.

Familie Pärson kommt wie gesagt aus Falun, dem Ort, an dem wir mit der Mannschaft 2015 nach 28 Jahren erstmals wieder Mannschaftsweltmeister wurden. Wenn das mal kein Fingerzeig ist...

Oberstdorf, Weltcup 2020: Schanzenbau neben der Strecke mit Leopold, Emma und Philipp

DER GEIST VON SEEFELD

Wir passieren im Schritttempo das Ortsschild – Seefeld. Seit letztem Mittwoch sind wir mit der ganzen Familie zusammen quasi auf Weltcup-Reise. Laura war mit den Kindern nach Oberstdorf nachgereist, die ganz begeistert waren, mitgenommen worden zu sein. Schon Tradition ist es, dass anlässlich des Seefelder Triple-Wettbewerbs die Fangruppen aus dem Erzgebirge und aus der Oberpfalz anreisen, um mich zu unterstützen. All die Jahre hat das ja gut geklappt. Ich weiß noch, wie skeptisch ich war, als ich zum ersten Mal von den Plänen der FIS hörte, quasi eine kleine Tour de France für Kombinierer zu schaffen, drei aufeinanderfolgende Wettbewerbe, bei denen die Zeiten von Wettkampf zu Wettkampf mitgenommen werden, ja und dann, dann wurde es tatsächlich mein Wettkampfformat durch und durch.

Was für Boris Becker und Stefan Edberg Wimbledon war und für Nikki Lauda Monza, ist für mich Seefeld: mein Wohnzimmer, in dem ich auch die für mich unfassbare Siegesserie feiern durfte, zwölf Mal hintereinander in den Einzelwettbewerben unbesiegt gewesen zu sein, was mit erhöhenden Schlagzeilen, durch die ich zum „König von Seefeld" ernannt wurde, und schönen Gesten gefeiert wurde. Ich erinnere mich gerne daran, wie der Inhaber unseres Mannschaftshotels „Zum Gourmet" mir stolz mitteilte, es gäbe nunmehr auch eine Eric-Frenzel-Suite in seinem Hotel, die mit Bildern meiner Triumphe hier ausgestattet sei.

Im Schritttempo geht es weiter, bis auf die letzten Meter war die Anreise von Oberstdorf ohne Probleme, die Kinder waren durchgängig im Spiel vertieft.
Seefeld – nicht nur Ort meiner Triple-Erfolge, sondern auch Schauplatz der letzten Weltmeisterschaft, wo ich nach einer verkorksten Saison mir doch noch die Weltmeisterkrone aufsetzen durfte. Diesmal sind die Rahmenbedingungen zugegebenermaßen etwas anders. Die Norweger eilen von Sieg zu Sieg, dominieren die Weltcups und wir wirken nicht nur manchmal ob der Resultate auf der Schanze etwas ratlos – wir sind es. Alle Parameter, die einen guten Sprung indizieren, sind gut, die Anlaufgeschwindigkeit passt, die biomechanischen Vektoren während des Flugs passen und trotzdem landen wir 20 Meter vor dem Punkt, an dem die Norweger ihren Telemark setzen.

Wir parken den Van in der Hoteleinfahrt. Drei Kinder, zwei Erwachsene und das ganze Equipment für den Sport ergeben einen gewaltigen Kofferberg, der mit Hilfe des Hotelpersonals schnell abgetragen wird. Während ich einer österreichischen Fangruppe noch Autogramme gebe, ist Laura mit den Kindern schon zum Abendessen verschwunden. Als ich von der Mannschaftssitzung zurückkomme, schläft die „kleine" Mannschaft. Auch Laura ist nach dem Reisetag müde.
Ich räume meine Wettkampfsachen in die Schränke und freue mich darüber, dass der Hotelier uns tatsächlich meine Suite gegeben hat. Vier Triple-Siege, schwarz-weiß und gerahmt, umgeben mich und ich merke, wie mich das gerade jetzt stärkt. Ich öffne die Balkontür und trete hinaus.

Kühle und frische Schneeluft sind die Vorboten für den morgigen Prolog. Mein Blick geht in die Wälder und Berge – ja, hier irgendwo muss er sein, der Geist von Seefeld.

Nordic Combined Triple 2020, auf dem Dorfplatz mit Leopold und Emma

EINBLICKE UND LICHTBLICKE

Der Hoteldirektor klopft mir strahlend auf die Schulter: „Siehst Du, Du musst nur nach Seefeld kommen, dann gelingen Dir die Dinge wieder!" Ich quittiere dankbar mit einem Lächeln. Der Geist von Seefeld hat tatsächlich wieder gewirkt. Zwar gab es hier nicht den von mir ersehnten Weltcupsieg, aber der vierte Platz am zweiten Tag, bedingt durch ein gutes Springen, hat mir bedeutet, dass wir auf dem richtigen Weg sind. Die Trainingseinheiten zuvor in Oberstdorf und auch die Qualifikationssprünge in Seefeld hatten gezeigt, dass das Gefühl für das Springen wiederkehrt, worüber ich natürlich sehr glücklich bin.

Wir haben im gesamten Team erkannt, dass zwar die Flugkurven in dieser Saison schon immer gut aussahen, aber das ja irgendetwas fehlte, was wir nicht definieren, geschweige sehen konnten. Also, was war es oder besser, was scheint es zu sein?
Es ist Nichtsportlern oder anderen Laien wirklich schwer nahezubringen, warum eigentlich fehlerfreie Sprünge nicht zur gewünschten Weite führen. Ich möchte es versuchen und greife mal zum Beispiel zu einer anderen Sportart, die für die meisten nachvollziehbarer ist, weil sie vielleicht jeder mal gespielt hat: Tischtennis.

Der Spieler kann einen Top-Spin ziehen, der von außen formvollendet aussieht, aber er muss nicht zwingend den gewünschten Spin bzw. Effet liefern, der den Gegner dann vor große Probleme stellt. Trotz guter Bewegung kann die Wirkung verpuffen. Woran liegt das?
Eine Bewegung kann äußerlich gut aussehen, hat aber nicht die Wirkung, wenn der Körper diese Bewegung innerlich nicht unterstützt. Der Bewegung sieht man nicht an, dass sie ohne inneren Druck, ohne Impetus durchgeführt ist.
Ich will damit keineswegs sagen, dass wir in der Saison bisher lustlos gesprungen sind, das würde nicht zutreffen, aber speziell bei mir war es so, dass ich diesen inneren Druck erst ein paar Millisekunden nach dem Absprung im Körper aufbauen konnte und damit zu spät. Wenn dieser innere Schub nicht sofort bei Absprung da ist, kommt eine gute Weite nicht mehr zustande.
Wir haben daher bewusst an dieser Schwelle zum Absprung gearbeitet, letztlich ein Akt der Konzentration, den inneren Anschub richtig zu timen. Es beginnt wieder zu funktionieren, alte Automatismen müssen aufgelöst, neue entwickelt werden. Dies ist nicht immer leicht und geht oft auch nicht schnell. Seefeld hat gezeigt, dass wir auf dem richtigen Weg sind.

Da der nächste Weltcup in Otepää wohl wegen Schneemangel ausfallen wird, werden wir weitere Trainingstage gewinnen, um die die Dinge weiter zu optimieren. Ich freue mich jetzt schon auf den nächsten Weltcup.

Seefeld, Nordic Combined Triple 2020

3 ODER 5 UND 5 VOR 12?

Der Winter neigt sich dem Ende zu, auch wenn er für viele für uns vom Gefühl her gar nicht angefangen hatte. Mein Winter ist der Weltcupwinter, der über die Kalenderstationen Lahti, Oslo und Schonach ausklingen wird. In Finnland werden wir zunächst einen Team-Sprint starten, bevor es in die letzten fünf Einzelrennen gehen wird; dies ist zumindest der Plan. Ich persönlich glaube jedoch nach wie vor eher an die Formel „3 oder 5". Das ist keine Wahrscheinlichkeitsrechnung im Hinblick auf die nächsten Lottozahlen, sondern meine Hypothese, dass der deutsche Weltcup in Schonach wegen Schneemangels ausfallen wird. Auch auf die Schwarzwaldhöhen ist in den Tagen des Klimawandels nicht mehr Verlass, so dass ich davon ausgehe, dass die letzten beiden geplanten Starts der Saison in Wind und Regen untergehen. Meine persönliche Meinung geht dahin, es auch wirklich abzusagen, statt wieder wider die Umwelt zu agieren und Tonnen von Schnee über Hunderte von Kilometern mit Lastern in den Schwarzwald zu fahren.

Auch hier ist es so wie fast überall in der Gesellschaft: man weiß um die Dinge, handelt aber trotzdem weiter ohne tieferen Sinn. Der Verband und die Sportler müssen sich auf andere Szenarien einstellen und der Wintersport muss wohl auf die veränderten Rahmenbedingungen reagieren. Ich habe schon seit Jahren dafür plädiert, dass gerade am Rand des Weltcupwinters, vor allem Mitte März (!) die skandinavischen und damit schneesichereren Weltcup-Standorte zum Zuge kommen sollten und dass die Rennen im Schwarzwald in die Mitte der Saison genommen werden. Kein unwahrscheinliches Szenario ist, dass wir in zwanzig Jahren vielleicht nur noch in Skandinavien Wettkämpfe in der freien Natur und auf Schnee vollziehen können. Wenn die Tigermücke infolge der Klimawandlungen nach Deutschland fliegt, die Eisbären sich an die Pole zurückziehen, müssen die Nordischen Kombinierer irgendwann ihre Schanzen und Loipen im mittleren Europa schließen.

Während ich solche Gedanken in meinem Kopf bewege, packe ich die letzten Sachen in meinen Koffer, der diesmal wieder etwas mehr fassen muss, weil es von Finnland gleich nach Norwegen geht. Auch hier ist der Schneemangel bei uns der Grund, warum wir vom deutschen System der Heimreise nach den Weltcups abweichen. In Oslo werden wir Trainingstage auf Schnee haben.

Eine letzte Trainingseinheit im Skilanglaufzentrum Silberhütte steht heute noch auf dem Programm, auf dem letzten weißen Band, das auch in unserer Region verblieben ist, bevor es morgen mit dem Auto nach München und mit dem Flieger nach Finnland geht.

Immer ein Kombinierer: Familie und Training, Skilanglaufzentrum Silberhütte, Oberpfälzer Wald, 2020

BACK TO THE ROOTS

Kennen Sie Jenny Nowak, Maria Gerboth oder Pepe Schula? Nein? Das macht nichts, aber ich bin fest davon überzeugt, dass sie alle drei irgendwann in nicht allzu ferner Zukunft kennen lernen werden, wobei es durchaus die Gelegenheit gäbe, diese Persönlichkeiten noch zeitiger vor die Augen zu bekommen.

Die Genannten sind Nachwuchskombinierer, die gegenwärtig bei der Juniorenweltmeisterschaft in Oberwiesenthal für Deutschland um Titel und Medaillen antreten. Und sie haben alle große Chancen, dies auch besonders erfolgreich zu tun. Ich bin trotz bestehender Weltcupsaison auf dem Weg nach Oberwiesenthal, nachdem ich gehört hatte, dass die Zuschauerresonanz zu wünschen übrig lässt.

Oberwiesenthaler Schanze, Juniorenweltmeisterschaft 2020

Außer den Sportlern und Funktionären seien im Grunde nur die Angehörigen der Sportler dort, um die Helden von morgen anzufeuern, das war die Nachricht, die beim letzten Weltcup in Lahti im Kreise der Nationalmannschaft zu hören war. Nein, die Helden von morgen sind auch schon die Helden von heute und ich habe es als Pflicht und Ehre empfunden, der JWM in Oberwiesenthal einen Besuch abzustatten. Die junge Garde verspricht einiges. Jenny Nowak zum Beispiel konnte vor wenigen Wochen bereits die Bronzemedaille bei den Youth Olympic Games, also bei den Olympischen Spielen für Jugendliche, holen und gilt zusammen mit Maria Gerboth zu den ganz großen Talenten in der Nordischen Kombination der Frauen weltweit.

Es ist auch nicht so, dass man sich nicht kennt, im Gegenteil: mit Pepe Schula trainiere ich am Standort Oberwiesenthal unter meinem Trainer Frank Erlbeck und mit Maria Gerboth bin ich beim Sommer Grand Prix im letzten Jahr Mixed-Team gelaufen. Ich bin ein Fan der jungen Wilden, weil ich in ihnen das sehe, was mich ja auch am Anfang meiner Karriere ausgemacht hat: für den Sport brennen, ehrgeizig sein, aber auch ein Stück unsicher, ob es reicht, ganz oben anzukommen. Zweifel sind immer die Begleiter des Juniorensports und die Dinge sind auch nicht immer leicht. Es gibt eigentlich keinen Sportler der internationalen Spitze, der in seiner Juniorenzeit nicht mal eine Krise hatte, die auch von dem Gedanken begleitet war, aufzuhören und hinzuschmeißen. Wer diese Krise meistert, ist meistens aus dem richtigen Holz geschnitzt. Die Zweifel an die Seite zu schieben, trotzdem anzugreifen, das sind die Tugenden, die ein Champion braucht. Ich fahre nach Oberwiesenthal, um mit den Jungen zu sprechen und ihnen auch genau das zu sagen: „Never give up!" ist das Programm, was zu laden ist. Wenn sie als Junioren ersten Lorbeer holen, wird das in der Regel ein gutes Sprungbrett für die Karriere sein.

Ich werde die Daumen drücken.

SKISPITZEN
Eric Frenzel

WELTCUPSAISON 2020/2021

IN DER WEIHNACHTSBÄCKEREI

„Papa, Du machst das falsch, die dreieckigen Kekse werden mit Aprikosenmarmelade gefüllt, die runden mit Himbeergelee, nicht umgekehrt" – sämtliche Beschwichtigungsversuche meinerseits gegenüber meiner dreijährigen Tochter Emma schlagen fehl, auch die Argumentation, dass es doch schön wäre, alle Keksformate mit allen zu Verfügung stehenden Gelees und Marmeladen zu kombinieren, was für einen Kombinierer wie mich doch auf der Hand liegt. Ich füge mich nach zehnminütiger Diskussion, nachdem ich merke, dass immer logischere Begründungen meinerseits zu mehr Widerstand und Rigorosität bei Emma führen. Nach der Beilegung des kurzzeitigen Dissenses sticht Emma weiter mit Inbrunst und das Gefühl, in den wichtigen Diskussionen weiterhin im Hause die Oberhand behalten zu haben, die Plätzchen aus, während ich treu die Füllungen der Kekse so vornehme, wie unser kleiner Sonnenschein das vorgegeben hat.

Ja, Backen in Flossenbürg statt Springen in Lillehammer. Kaum war der Weltcup gestartet, ist er auch schon in seiner ersten coronabedingten Pause. Angesichts der Pandemie und ihrer Entwicklung in ganz Europa haben die Veranstalter in Lillehammer die Reißleine gezogen und den Weltcup abgesagt. Daher steht nun neben den vorweihnachtlichen Tätigkeiten wie Backen, Putzen und Weihnachtseinkäufe vor allem das Training in der Heimat auf der Agenda: das können Krafttrainingseinheiten in Oberwiesenthal am Stützpunkt sein, aber auch in der Regel zweistündige Langlaufprogramme in den Loipen rund um Flossenbürg, bevorzugt natürlich am Skilanglaufzentrum Silberhütte, wenn die Rahmenbedingungen es zulassen. Es läuft rund zum Saisonbeginn und ich freue mich auf die nächsten Sprungeinheiten, die ich am kommenden Wochenende in Oberstdorf absolvieren werde. Angesichts des Umstands, dass dort in wenigen Wochen die Heimweltmeisterschaft stattfindet, ist es aus unserer Sicht natürlich nur gut, als Gastgeber im Vorfeld des Ereignisses so viele Stunden wie möglich auf der WM-Schanze sein. Im weiteren Verlauf der Saison wird es beim Springen nur noch um kleinere Korrekturen gehen und um weitere Automatisierungen. Die Grundtechnik und alle beim Springen wichtigen Komponenten sind aufeinander gut abgestimmt und ich freue mich, wieder Sprungweiten zu generieren, mit denen ich in der Loipe konkurrenzfähig bin und so um Siege mitstreiten werden kann. Umso mehr freuen wir uns alle auf den nächsten Weltcup in Ramsau kurz vor Weihnachten, der richtungsweisend für die Frage der Saison sein wird, ob wir den starken Norwegern auf gleicher Augenhöhe begegnen können.

Derzeit sieht es so aus, dass wir das hinbekommen werden, weil das Springen wieder klappt. Die Jagd auf Jan Carl Riiber und seine Kollegen ist eröffnet.

CORONA-WELTCUP

Abgeschieden von der Welt und damit von den derzeitigen Umwerfungen durch die Corona-Pandemie liege ich in meinem Einzelzimmer in der Pension Tischlberger in Ramsau am Dachstein und bereite mich mental auf unsere zweite Weltcupstation vor. Der Blick geht durchs Fenster auf die Schneehöhen des Dachsteins, dort oben gibt es kein Virus, nur Ruhe! Ganz leicht fällt es nicht, sich im Rahmen der Pandemie-Entwicklungen auf die anstehenden Weltcupwettkämpfe vorzubereiten. Wir alle sitzen auf unseren Zimmern, halten auch untereinander Abstand, wann immer es geht, und hören uns die Nachrichten aus der Welt an: die Todeszahlen, die Zahl der Neuinfektionen, die Lockdowns und die einhergehenden Maßnahmen zur Eindämmung. Die Zahl der Telefonate ist höher als sonst. Ich möchte wissen, was die Kinder machen, die sich teilweise arg eingeschränkt fühlen und wo Erklärungen gegeben werden müssen.

Sollten wir innerhalb dieser Rahmenbedingungen überhaupt den Weltcup starten?

Meine Auffassung ist ganz klar: Unbedingt!!!

Zunächst sind die Sicherheits-und Hygienekonzepte bei uns sehr ausgetüftelt und wenn alle sich an die Regeln und Standards halten, ist keine Gefahr der Virusverbreitung gegeben. Unter diesen Rahmenbedingungen springe ich zum zweiten Grund: Für alle, die nun überwiegend zu Hause sein müssen oder zu Hause sein wollen, bieten wir, wie viele andere Sportwettbewerbe den Zuschauern hoffentlich etwas Zerstreuung und Unterhaltung. Ich glaube, dass rührt Themen an, die innerhalb der Diskussionen um die Pandemie oft zu kurz kommen. Die seelische Bewältigung der Umstände bei jedem Einzelnen und in seiner Interaktion mit den Familienmitgliedern. Ängste und Frust führen schnell zu Aggressionen und anderen Dingen. Deshalb finde ich wichtig, dass wir auch durch unsere Wettkämpfe, die weiter am Fernseher zu verfolgen sind, einen Beitrag zur Ablenkung geben. Wie gut das gelingen wird, wird natürlich durch den Verlauf der Wettkämpfe bestimmt und der Ramsauer Weltcup verspricht spannend zu werden. Der Saisonauftakt in Ruka war für die deutsche Mannschaft ein Auftakt nach Maß. Zwar hatten die Norweger die Nase vorn, aber nicht so deutlich wie in den beiden vergangenen Jahren. Die Abstände auf den Schanzen haben sich spürbar verringert und waren so, dass wir in der Loipe auf Schlagweite herangekommen sind. Das hat uns Zuversicht gegeben für die Saison und die bevorstehende Heim-WM in Oberstdorf. Der Weltcup in Ramsau wird nun zur Nagelprobe und damit richtungsweisend für die Saison!
Ich hoffe, dass wir die Norweger zumindest in einem Wettbewerb hinter uns lassen und die Zuschauer damit zu Hause gut unterhalten.

Kuusamo, Weltcupauftakt 2020, mit Weihnachtsmann

DURCHSTARTEN

Während die Weltcupsaison vor dem Hintergrund der Corona-Pandemie etwas holprig begann und einzelne Weltcups von den Veranstaltern sogar abgesagt und hierdurch Lücken in den Terminkalender gerissen wurden, steht uns nun ein straffes Programm bis zu den Heimweltmeisterschaften in Oberstdorf bevor, darunter auch Weltcuporte mit drei Wettkämpfen.

Die bestehenden Rahmenbedingungen haben wir im Team gut antizipiert. Die Teamgesundheit und damit natürlich die eigene sind zu erhalten, um keine Infektion zu bekommen oder eine Quarantäne, weil ein Mannschaftsmitglied erkrankt wäre.

Dies erfordert ein klares Konzept, das konsequent gelebt werden muss und mittlerweile schon in Fleisch und Blut übergegangen ist. Bevor wir als einzelnes Teammitglied zur Mannschaft stoßen, sind wir gehalten, selbst Schnelltests durchzuführen. Das ist für mich persönlich angenehmer als durch Dritte getestet zu werden. Ist der Schnelltest wie erhofft negativ, so gibt es grünes Licht für die Anreise mit dem Pkw zum Flughafen. Im Auto tragen wir bei Mitfahrern eine FFP-2 oder FFP-3-Maske. Das Zusammentreffen mit der übrigen Mannschaft und die weitere Anreise zum Weltcuport stehen dann unter dem Zeichen der gebotenen Regeln: Maske tragen, Abstand halten, Hände desinfizieren, keine Körperkontakte.

Am Veranstaltungsort haben die Veranstalter gute Sicherheitskonzepte, doch es gibt natürlich auch Schwachpunkte, wie z.B. die Nähe zum Mitbewerber ohne Maske beim Start und Lauf in der Loipe. Eine Infektion schwebt demnach schon wie ein kleines Damoklesschwert über uns allen. Ein jetziger Ausfall würde die Chancen im Gesamtweltcup drastisch mindern und vielleicht den Start bei der Heim-WM gefährden.

Es ist und bleibt eine besondere Saison und keiner weiß, wie sich die Dinge entwickeln und was dabei herauskommt. Sollte alles normal und ohne Ausfälle ablaufen, wird es nun auch eine spannende Saison. Als deutsche Mannschaft haben wir uns in diesem Winter gleich mit ordentlichen Ergebnissen zurückgemeldet. Kein Wettkampf endete ohne Podestplatz eines Deutschen. In der Zusammenschau der Ergebnisse kann man von einem Wiedererstarken des deutschen Teams sprechen, während die Norweger insgesamt etwas schwächer performen, ihren Dominator Riiber einmal ausgeklammert; das lässt natürlich für die weltmeisterschaftlichen Teamwettwerbe hoffen. Dank unserer Bemühungen rund um das Skispringen, die maßgeblich von unserem neuen Skisprungtrainer Kuttin getragen werden, sind wir insgesamt auf einem guten Weg. Die bevorstehenden Wettbewerbe werden mehr als einen Fingerzeig geben, ob wir auf gleicher Augenhöhe mit den Norwegern um WM-Medaillen kämpfen werden.

Ich persönlich gehe davon aus und bin nach den vielen Podestplätzen in den ersten Wettkämpfen sehr zuversichtlich gestimmt. Wir starten jetzt Richtung Heim-WM richtig durch!

Val di Fiemme, Weltcup 2021

MOTIVATION HOCH ZEHN

Val di Fiemme inmitten der Dolomiten, Winter pur, blauer Himmel, strahlende Sonne, beste Loipenbedingungen bei minus vier Grad. Also der Stoff, aus dem die Träume sind. Teamsprint stand auf der Agenda und damit eine erneute Standortsbestimmung gegenüber den Norwegern im Hinblick auf die Heim-WM. Doch dieses einzelne Rennen läuft in der Rollenverteilung etwas anders wie erwartet. Das Rennen entwickelt sich gut und wir setzten uns mit den Österreichern an die Spitze des Feldes, ab da sehen die Zuschauer ein fulminantes Rennen.

Das Rennen wird von der Spitze aus gut kontrolliert, ich bin auf jedem Meter informiert, wo die Konkurrenten laufen. Aber ab der Hälfte des Rennens bin ich mir sicher, dass wir heute um den Sieg mitlaufen.

Meine letzte Runde läuft gut und ich übergebe als Führender auf Fabian Riessle, der auf die letzten eineinhalb Kilometer geht. Letzter Anstieg gegen den Österreicher, ein dramatischer Anstieg, mein Mannschaftskamerad Fabian sucht die Vorentscheidung und will sich lösen, doch der Österreicher wehrt ab und bleibt sogar vorne. Und jetzt schert Fabian wieder ein, versucht es nicht weiter, sondern spart sich nun im Windschatten des Österreichers Körner für den Schlusssprint, eine taktische Variante, die wir schon vorher fest im Blick hatten.

Der Bundestrainer hatte uns empfohlen, die Entscheidung am letzten Anstieg zu suchen, aber nicht auf Biegen und Brechen, weil wir alle um die Sprintfähigkeit von Fabian wissen und wussten. Auf dieses Szenario hatten wir uns vorbereitet. Unser Streckenbetreuer funkt uns in den Zielraum, dass der Österreicher nicht abgeschüttelt werden konnte. Wir schauen uns alle in die Augen und wissen, dass vor uns 60 Sekunden Dramatik, Kraft und Herzklopfen liegen. Was wäre das jetzt für ein Einlauf, wenn die Ränge voller Zuschauer wären. Jetzt sehe ich die beiden auf der Zielgerade. Der Österreicher kämpft und läuft um sein Leben und dann zieht Fabian Riessle seinen unvergleichlichen Spurt an. Es ist buchstäblich auf den letzten Metern, auf denen er tatsächlich an dem Österreicher vorbeigeht, Sieg für Deutschland!

Ich bin überglücklich, Fabian fällt mir in die Arme, ein Wettkampf, der Werbung für unseren Sport gemacht hat, den hoffentlich viele an den Bildschirmen gesehen haben und der für uns vor allem eins ist, eine wahnsinnige Bestätigung auf dem Weg zur Heim-WM nach Oberstdorf.

Die nächsten Wettkämpfe können kommen.

Val di Fiemme, Weltcup 2021, Teamsprint mit Fabian Rießle

KAROTTEN-INGWERSUPPE

Wenn wir zu dem aus meiner Sicht wichtigsten Weltcup-Event der Saison, dem Triple in Seefeld, anreisen, steigt meine Vorfreude. Was Wimbledon für Boris Becker ist, nämlich sein Wohnzimmer, ist Seefeld mit meinen dortigen Erfolgen für mich. Es macht mir daher immer gute Laune, nach Seefeld anzureisen und ich schiele ab Start der Weltcupsaison immer auf diesen Termin, der drei aufeinander folgende und in der Bewertung aufeinander aufbauende Wettkämpfe vorhält. Das Seefeld-Triple ist die Vierschanzentournee der Nordischen Kombinierer und vor allem bei den Fans beliebt, so auch bei der Eric-Frenzel-Fangemeinde aus Geyer und Flossenbürg, die jedes Jahr, organisiert durch meine Frau Laura, nach Seefeld kommt, um mich anzufeuern. Wie Sie alle wissen, macht uns die Corona-Pandemie einen Strich durch die Rechnung. Die Wettkämpfe werden ohne Zuschauer stattfinden, wie auch wir nicht in unser über Jahre hinweg bestehendes Stammhotel einziehen werden, in welchem es die Eric-Frenzel-Suite gibt.

Stattdessen hat der Deutsche Skiverband kleinere Chalets angemietet, in denen wir entfernt von den anderen Teams für uns sind und in denen wir uns quasi selbst versorgen bzw. versorgen lassen. Zum wichtigsten Mann und zu meinem persönlichen Glücksbringer avanciert daher Uli Ruprechtt, unser Mannschaftskoch, zu dem ich eine besondere Beziehung habe. War er doch der Mann, der bei unserer Hochzeit Verwandte, Freunde und Bekannte vorzüglich bekocht hat. Die damalige Vorspeise, eine Karotten-Ingwersuppe, habe ich heute noch auf der Zunge. Insofern ist Seefeld nicht nur mein Wohnzimmer, sondern es kocht nun auch noch in diesem mein Freund, der Hochzeitskoch – bessere Vorzeichen für einen Wettkampf kann es nicht geben, in dem weitere Schritte auf dem Weg zur Heim-WM zu gehen sind.

„Küche a la DSV"

Die Saison verläuft bis zum heutigen Zeitpunkt gut und vor allem als Mannschaft haben wir uns gut präsentiert, auch gegenüber dem Team, das die letzten zwei Jahre alles dominierte, die Norweger.

Die Abstände, die wir zu diesem Spitzenteam in der vergangenen Saison auf der Schanze beim Springen hatten, sind wieder eingedampft. Wir kämpfen bei den Springen mittlerweile wieder auf gleicher Augenhöhe mit unseren skandinavischen Mitstreitern und in der Loipe waren wir auch in der Vergangenheit tonangebend. Je näher wir an die Heim-WM in Oberstdorf herankommen, desto wichtiger sind gute Ergebnisse in den Wettkämpfen. Daher kommt dem Triple in Seefeld besondere Bedeutung zu.

Damit vor dem ersten Wettkampf, dem Prolog, wirklich alles stimmt, habe ich mit Uli den Speisezettel mit einem einmaligen Erfolgsrezept bestimmt. Am Vorabend wird etwas serviert, was uns Flügel verleihen soll: Karotten-Ingwer-Suppe!

FRÜHSTÜCK IN FLOSSENBÜRG

„Papa, du bist weit von der Schanze geflogen", sagt Emma, unser jüngster Sonnenschein, ohne dabei mit einem Auge ihr Frühstücksei außer Acht zu lassen, das sie gerade in ihren Eierbecher gesteckt hat, an dem ein kleiner Gummihammer befestigt ist, durch dessen Wegziehen und Zurückschnellen die Eierschale angeschlagen werden kann – Emmas Frühstückslieblingsritual!

„Na ja, nicht weit genug", bringt sich nun Leopold ins Gespräch mit betont sachlicher Stimme, um die Aussage der jüngeren Schwester fachmännisch zu relativieren. Philipp ahnt die aufkommende Kontroverse und kommentiert salomonisch, dass „Mehr" immer geht und das Papa auf einem guten Weg ist, auch wenn er in Seefeld in zwei Wettkämpfen das Treppchen jeweils nur knapp verpasst hat.

Frühstück in Flossenbürg nach dem Triple Wettkampf in Seefeld, den zwar der Norweger Jan Carl Riiber gewann, aber der mich auf dem Weg zur Heim-WM ein gutes Stück weit voran gebracht hat. Gestern spät am Abend war ich aus Seefeld zurückgekehrt und hatte mich in die Pension meiner Schwiegermutter geschlichen, wo ich während der Weltcupsaison ein kleines Refugium habe, um nicht im eigenen Haus zu wohnen, um die normalen Infektionsgefahren zu bannen. Eine Vorsichtsmaßnahme, die in diesen Zeiten noch eine größere Bedeutung haben dürfte.

Das Rückkehrer-Frühstück mit der ganzen Familie lasse ich mir jedoch am nächsten Morgen nicht nehmen, dies natürlich mit gebührendem Abstand zu den anderen Familienmitgliedern. Dass dann durch die Kinder die Ergebnisse des Weltcupwochenendes, die Papa eingefahren hat, alterstypisch kommentiert werden, gehört als Ritual ebenso zum Montagfrühstück, wie Emmas heiß und innig geliebte Eierschalenvernichtungsmaschine. Ganz zum Schluss darf ich mich natürlich auch zu den Dingen äußern, die für die Sprösslinge coronabedingt nur am Fernsehgerät zu sehen waren.

Seefeld hat die Richtung vorgegeben: die Laufform ist exzellent und wird in Oberstdorf mit der vorgehenden Regenerationsphase so sein, wie sie sein muss. Beim Springen ist grundsätzlich der Ablauf wettbewerbsfähig, aber eben auch ausbaufähig. Zeit genug ist nun, weitere Feinheiten beim Springen zu schleifen. Der Heim-Weltcup in Klingenthal kommt damit zur rechten Zeit, weil dort endlich mal wieder eine moderne Großschanze gesprungen werden kann, was eine gute Vorbereitung für den Großschanzenwettbewerb in Oberstdorf darstellt. Mit Klingenthal verbinde ich die allerbesten Erfahrungen und Erlebnisse.

Gute Platzierungen auf der Schanze, die gebaut wurde, als ich mit dem Sport gerade anfing, wären eine gute Motivation für die Heim-WM. Daran wird gearbeitet.

Frühstück in Flossenbürg mit Kindern, 2021

TUNNELBLICK

Klingenthal war aus deutscher Sicht ein voller Erfolg: zwei deutsche Weltcupsiege in der Vogtlandarena geben Auftrieb und waren das richtige Signal an die Konkurrenz. Das Bild am ersten Weltcuptag, als gleich alle drei Treppchen in schwarz-rot-gold gekleidet waren, soll nach Bundestrainer Weinbuch nun das Leitbild für die Heim-WM sein. Bis dahin ist nun konzentrierte Arbeit angesagt. Die letzten zwei Wochen vor der Weltmeisterschaft folgen einem engen Zeitplan und einem inhaltlich genau konzipierten Wechsel zwischen Training und Regeneration. Zwei Lehrgänge in Oberhof und Garmisch werden dazu dienen, den Sprungablauf zu optimieren. Während wir in Oberhof auf einer Normalschanze trainieren werden, folgt in Garmisch das Großschanzentraining.

Skilanglaufzentrum Silberhütte, Oberpfälzer Wald, Heimtraining 2021

Auf der Schanze geht es für uns darum, beim Springen drei bis fünf Meter mehr rauszuholen, um die Ausgangssituation für das Rennen zu verbessern. In der Saison haben wir uns durch diverse Anpassungsprozesse beim Springen kontinuierlich verbessert. In den zwei Lehrgängen werden wir nun nochmal jedes für das Springen relevante Kriterium unter die Lupe nehmen: die Anfahrtshocke, den Absprung, die Skibindung, den Schuh, die Flugkurve und die Landung. Die Laptops werden den Trainingsalltag begleiten. Potentiale müssen gehoben werden. Zwei Wochen Feintuning stehen also auf dem Programm, unterbrochen jeweils von einem Heimaufenthalt. Dort wird immer die Regeneration im Vordergrund stehen und das Halten der Laufform, die bei mir gegenwärtig extrem gut ist. Mein Heimtraining werde ich allein in Flossenbürg und in Oberwiesenthal absolvieren. Durch meinen Trainingspavillon, den ich zu Hause errichtet habe, kann ich im Garten Krafttraining und Gymnastik durchführen, Skieinheiten im benachbarten Loipenareal des Skilanglaufzentrums Silberhütte, wo gegenwärtig beste Bedingungen herrschen.

Zu Hause werde ich wie immer in den letzten Jahren von der Familie etwas isoliert sein, um auf den letzten Metern vor der WM nicht noch eine wie auch immer geartete Infektion abzubekommen und damit ist nicht nur Corona gemeint, auch Erkältungen wären jetzt in der letzten Phase der Vorbereitung sehr kontraproduktiv. Die mentale Disposition stärke ich auf Waldspaziergängen rund um Flossenbürg. Ich freue mich auf die Heim-WM, auch wenn wir alle unter diesen Rahmenbedingungen im Corona-Jahr leiden. Die Zuschauer gehören natürlich zu einer WM und uns als deutsche Mannschaft fehlen diese Heimzuschauer besonders.

Mein Ziel ist der Gewinn von Medaillen, mit der Mannschaft und im Einzel. Es sind die wichtigsten Wettkämpfe im Jahr. Ich werde gut vorbereitet sein. Wir werden sehen, was gelingt.

RUHE VOR DEM STURM

Wir sind in der Vorbereitung auf die Heimweltmeisterschaft, als Team und jeder individuell. Der vorletzte Lehrgang liegt hinter uns. In einer Winterwunderlandschaft in Oberhof hatten wir die letzte Trainingseinheit auf der Normalschanze. Die Trainingsergebnisse und die letzten Abstimmungen sind als sehr gut einzuschätzen, alle sind auf einem guten Weg. Zurück in Flossenbürg setzte meine persönliche Vorbereitung ein. Regeneration, Körperpflege, aber auch Vorbelastungen in der Wettkampfsimulation im Trainingsareal des Skilanglaufzentrums Silberhütte. Seit Jahren agiere ich vor wichtigen Sportereignisse wie Weltmeisterschaften oder Olympische Spiele in gleicher Weise, was die Laufperformance angeht. Einerseits gönne ich mir mehr Ruhetage als sonst, um Wettkampfspannung aufzubauen, andererseits möchte ich nicht mehr aus dem Laufrhythmus kommen. Deshalb simuliere ich Wettkampftempo auf der 5-Kilometer-Strecke sowie auf die volle Wettkampfdistanz über 10 km, dies alles auf meiner Haustrainingsstrecke an der Silberhütte, wo dieses Jahr tolle Loipenbedingungen herrschen. Nach dem vormittäglichen Training stehen dann Regeneration auf dem Programm, Essen, Faulenzen, Sauna, im Kreis der Familie sein, zumeist bei gemeinsamen Spaziergängen. Am Wochenende heißt es dann wieder Anreise nach Garmisch. Wie in Oberhof schirmen sich Team und Betreuer wieder vollkommen in eigenen Ferienwohnungen mit eigenem Koch ab, um die Zahl der Außenkontakte zu reduzieren. Bisher sind wir damit sehr gut gefahren. In Garmisch stehen dann letzte Tests auf der Großschanze auf dem Programm, bevor es ein letztes Mal nach Hause geht, um Ruhe zu tanken und Spannung aufzubauen.

In mir spüre ich wie immer den Hunger nach Medaillen, wenn es daran geht, eine Großveranstaltung zu absolvieren. Die Saison und auch die WM-Vorbereitung sind diesmal um einiges besser gelaufen als bei meinem WM-Sieg in Seefeld. Damals konnte ich nach einer verkorksten Weltcupsaison mit dem besten Sprung der Saison tatsächlich und unverhofft den Titel holen. Diesmal stehen Podestplätze im Weltcup zu Buche und eine gute Sprungperformance. Es passt alles. Die Norweger haben von ihrer vorjährigen Vormachtstellung ein gutes Stück eingebüßt. Sie sollten ausreichend nervös sein, zumal wir in Deutschland antreten, ein psychologisches Moment, das nicht zu unterschätzen ist, auch wenn diesmal kein deutsches Zuschauermeer da ist.

Die Spannung in mir fährt von Tag zu Tag weiter hoch, so wie ich es seit Jahren immer gewohnt war. Alles gute Zeichen, die nur noch in gute Leistungen umgesetzt werden müssen.

WM-Vorbereitung 2021 in Oberhof

PHANTASIEWELTMEISTERSCHAFT

Ein Ritual von mir bei Olympischen Spielen und Weltmeisterschaften ist es, einen Tag vor dem Wettkampf früh morgens zur Wettkampfstätte zu gehen, um in Ruhe die Atmosphäre des Ortes zu genießen. Gerade in Oberstdorf ist das Schanzenareal schön eingebettet in die bezaubernde Berglandschaft. Ich genieße den Spirit des Ortes, erinnere mich an vergangene, oftmals erfolgreiche Wettkämpfe und stelle mir dann den folgenden Tag mit Fahnenmeer und jubelnden Fans vor. Aus dieser Phantasie ziehe ich für den Wettkampf Kraft und Motivation.

Diesmal wird es anders sein: die Stimmung des Vortags wird die Stimmung des Wettkampftags sein. Es wird kein Fahnenmeer geben, in das man von der Schanze aus hineinspringt und an der Loipe werden keine Zuschauer sein, die einen anfeuern.
Ich kann mich erinnern, wie ich bei der Heim-WM in Oberstdorf 2005 als junger Athlet noch Zuschauer war, das ganze Flair, das war unglaublich inspirierend, ein ganzer Ort war tagelang am Feiern, während der Wettkämpfe und zwischen Ihnen; so etwas wollte ich unbedingt auch als Akteur erleben. Das Spiel mit den Zuschauern ist auch für uns, nicht nur für Tennisspieler und Fußballspieler, etwas ganz besonderes. Gerade in Momenten, wo man wirklich am Anschlag ist, wo man denkt, es geht eigentlich nichts mehr, kann einen die Unterstützung der Fans und Zuschauer den nötigen Kick geben und einen über die Grenze pushen, die darüber entscheiden kann, ob man einen Konkurrenten noch abfangen kann und so eine Medaille holt.
Dieses Szenario wird es in Oberstdorf leider nicht geben und damit auch einen Heimvorteil nicht. Aber ich bin froh, dass wir überhaupt antreten dürfen, dass ich trotz und auch wegen Abstandsregeln, PCR-Tests und Isolation die Möglichkeit habe, im Kampf um die Medaillen antreten und mit etwas Glück meinen Weltmeistertitel aus Seefeld verteidigen zu können.
Ich atme tief durch, genieße das Schanzenensemble in der morgendlichen Dämmerung und gehe langsam zum deutschen Quartier zurück. Wenn wir in den nächsten Tagen von der Schanze springen und in der Loipe um Zentimeter und Zehntel ringen, wird trotzdem für mich alles so sein, wie immer. Wenn ich auf dem Balken sitze und in den Schanzenauslauf schaue, werden für mich einen Moment bei geschlossenen Augen die Fahnen geschwenkt und ich werde den Jubel genauso aufbranden hören, wie an der Loipe, wenn es darum geht, die letzten Körner aus mir rauszuholen.

Die Zuschauer werden einfach in meiner Vorstellung da sein und mich hoffentlich auch diesmal zu einer Medaille tragen.

Oberstdorf 2021: Weltmeisterschaft

AUFTAKT (FAST) NACH MAß

Der erste Satz gebührt dem Weltmeister: Jan Carl Riiber. Ich verneige mich vor dem Norweger, der seine Dominanz aus dem Weltcup der letzten zwei Jahre auf den Punkt auch hier bei der Weltmeisterschaft in Oberstdorf bestätigen konnte. Mein vierter Platz mit der sogenannten Holzmedaille macht ein paar Sekunden nach dem Rennen etwas Verdruss und man überlegt natürlich, was hätte sein können, wenn es an ein paar Stellen des Wettkampftages günstiger gelaufen wäre. Aber solche Gedanken sind falsch, denn man muss dann auch den anderen zugestehen, dass es auch für sie an manchen Stellen etwas besser hätte laufen können, was das Ergebnis schlussendlich nicht korrigiert.

Es war ein harter Wettkampf, vor allem ein harter 10-km-Lauf. Die Ausgangssituation war auf dem Blatt Papier nicht schlecht: 40 Sekunden Abstand auf den Führenden, zwanzig Sekunden Abstand auf den Topfavoriten Riiber, dem späteren Weltmeister. Aber alle Theorie ist grau, der Lauf muss immer erstmal gelaufen werden. Die Strecke war durch den Sonnenschein und die zweistelligen Temperaturen schwierig zu laufen. Wir Athleten präferieren eigentlich niedrigere Temperaturen, damit das Streckenbett schön kompakt ist. Laufen im weichen Schnee ist anstrengend. Die Renntaktik konnte keine andere sein, als schnellstmöglichst auf Riiber aufzulaufen. Fabian Riessle und ich hatten uns selbst und dieser Express funktioniert eigentlich fast immer. So konnten wir auch diesmal das Zwischenziel erreichen, die Gruppe um den Norweger einzuholen. Der Plan war dann, sich ein wenig zu erholen, um in der letzten Runde den Angriff zu setzen. An dieser Stelle gab es dann die entscheidende Drehbuchabweichung. Riiber und Co. setzten ein hohes Tempo einfach fort und ließen Fabian und mir diese Regenerationsphase nicht. Schnell wussten wir, dass es einen harten Kampf geben würde. Am letzten Anstieg, dem Burgstall, waren wir schon die Meter entfernt, die uns hinterher am Sieg gefehlt haben. Es war einfach kein Rankommen mehr, es gab kein Potential, das noch hätte gehoben werden können. Die drei Führenden haben dann das Rennen sozusagen sicher nach Hause gebracht. Das Podest war am Ende für mich fünf lange Sekunden zu weit entfernt.

Aber man muss das Positive sehen. Dieser Wettkampf hat gezeigt, dass wir zu richtigen Zeit am richtigen Ort die richtige Form haben. Wir sind auf Augenhöhe, vor allem mit den Norwegern.

Das Mannschaftsergebnis im ersten Einzelwettbewerb motiviert uns für den Staffelwettkampf, unser Ziel ist ganz klar: Wir wollen am Sonntag Weltmeister mit der Mannschaft werden!

Oberstdorf 2021, Weltmeisterschaft, Zieleinlauf Einzel Normalschanze

RUHETAG

Der Tag nach dem Wettkampf ist der Tag vor dem Wettkampf, diesmal vor einem ganz Besonderen. Die Staffel steht am Sonntag auf dem Programm, für die Nationen der prestigeträchtigste Wettkampf, auf den ich mich bei Olympischen Spielen und Weltmeisterschaften immer sehr freue. Zusammen streiten und zusammen belohnt werden, ist immer etwas Großartiges. Ja, wir wollen uns belohnen – die gegenwärtige Saison hat uns wieder näher an die Norweger gebracht, wir fühlen uns auf gleicher Augenhöhe, wobei die Norweger immer noch das Maß der Dinge sind und sie gestern mit zwei Medaillen ein Ausrufezeichen gesetzt haben. Aber unsere vierten und sechsten Plätze zeigen, dass wir in Schlagweite sind.

Mit diesem Bewusstsein gehen wir in den Tag vor der Staffel. Nach dem gestrigen Tag mit dem Einzel geht alles gemächlich voran, Ausschlafen war angesagt bis 9 Uhr, gut Frühstücken der nächste Schritt. Danach habe ich jetzt Zeit, diese Kolumne zu schreiben. Gegen Mittag wird das ganze Team sich etwas auf den Skiern bewegen, um geschmeidig zu bleiben. Vor der Physiotherapie am Nachmittag werde ich eineinhalb Stunden auf meinem Hotelbalkon im Liegestuhl kräftig Sonne tanken, um dann später noch ein paar Gymnastikübungen zu machen.

Die Ruhe bestimmt den Tag und auch mit dem Essen werde ich es mir heute gut gehen lassen, um die Speicher wieder aufzufüllen. Am frühen Abend werde ich noch einen schönen Spaziergang machen, durch die leider recht leeren Straßen. Wo sonst nach einem norwegischen Sieg die norwegischen Fans auf den Straßen bis in die Morgenstunden kräftig feiern, ist auch hier die vollkommene Ruhe eingekehrt – eine Ruhe, die manchmal unruhig macht!

Ich spüre, dass das Wettkampffieber bei mir wieder vollkommen ausgebrochen ist. Trotz dieser außergewöhnlichen Rahmenbedingungen merke ich, dass ich Hunger nach Medaillen habe. Der vierte Platz hat mich noch stärker motiviert, die drei weiteren Chancen zu nutzen.

Morgen also der Königswettkampf, ich bin gespannt und freue mich auf das Kräftemessen mit Riiber und Co. Wir wollen aufs Podest und eigentlich auf das höchste!

Oberstdorf 2021, Weltmeisterschaft: Mannschaftseisbaden als Motivationsinstrument

FOKUSSIERUNG

Nach den Wettbewerben auf der Normalschanze, nämlich Einzel und Staffel, rückt allmählich die Großschanze in den Mittelpunkt aller Betrachtungen und Vorbereitungen. Heute gab es ein erstes offizielles Training auf der Großschanze innerhalb der Schattenberganlage. Dabei absolvierte jeder deutsche Athlet 3-5 Sprünge, die man einfach braucht, um – wie wir Springer das gerne umschreiben - den Rhythmus der Schanze aufzunehmen. Es geht darum, Gefühl für die Schanze zu entwickeln, was den Start, die Anfahrt und den Schanzentisch anbelangt, um später die Schanzentischkante optimal für den Absprung zu nutzen. Bei mir ging es von Sprung zu Sprung besser und ich denke, dass ich nach einem weiteren Trainingstag die Schanze gut im Griff haben werde.

Nach dem gemeinsamen Mittagessen werden wir heute nochmal auf die Skier gehen und bei herrlichstem Sonnenschein und blauen Himmel unsere Runden ziehen. Auf dem Weg dahin treffe ich die beiden jungen Kombiniererinnen Jenny Nowak und Maria Gerboth, die ihr WM-Debüt geben konnten und wir tauschen uns ein wenig über ihren Wettkampf aus. Ich wünsche den Kombiniererinnen, nachdem sie endlich die Starterlaubnis bei einer Großveranstaltung bekommen haben, dass schnellstmöglich die Wettbewerbsformate nachgezogen werden, die ihnen diesmal noch verwehrt waren. Es ist schlichtweg nicht nachvollziehbar, warum sie in der Staffel oder in einem Teamwettbewerb diesmal nicht antreten konnten und sie nur eine Medaillenchance hatten. Die deutschen Kombiniererinnen sind noch herzerfrischend jung und ich denke, dass sie den ordentlichen und umfassenden Ablauf einer Großveranstaltung noch genießen werden.

Ansonsten geht es in unserem Quartier sehr ruhig zu, wobei man jetzt schon so langsam wieder von der Ruhe vor dem Sturm sprechen kann. Nachmittags in der Lounge werden uns die Assistenztrainer nochmal an den Monitoren unsere Sprünge und ihre Optimierungsmöglichkeiten darlegen, bevor wir zum gemeinsamen Abendessen gehen.

Die Analyse ist mittlerweile ein Standardinstrument und ich betrachte mir gerne die einzelnen Sprungphasen und ziehe mit den Coaches meine Schlüsse daraus.

Heute habe ich auch mit Laura und den Kindern telefoniert, was mir gut getan hat. Es ist zum ersten Mal seit langer Zeit, dass Laura bei einem derart wichtigen Ereignis wie die Weltmeisterschaft nicht an meiner Seite vor Ort ist.

Meine Familie hat mir eine nette Videobotschaft gemacht, in der sie den Jubel an der Loipe simuliert haben, den ich nun bei meinen nächsten Wettkämpfen im Ohr mittragen soll, was ich natürlich machen werde.

Oberstdorf 2021, Weltmeisterschaft: das Wohnzimmer als WM-Studio

SILBERGLÜCK

Was für ein Staffelrennen bei der Heim-Weltmeisterschaft und strahlendem Sonnenschein!
Wir hatten nach dem Springen eine gute Ausgangsposition und einen Matchplan für Gold. Silber ist es geworden, worüber wir nach dem Rennen mehr als glücklich sind.

Aber was ist dazwischen passiert?

Es war ein hartes und überaus anspruchsvolles Rennen. Durch die starke Sonneneinstrahlung gab es sehr unterschiedliche Streckenabschnitte, was die Bodenbeschaffenheit anbelangte. Mal war es im Schatten eine kompakte Piste, kam man in die Sonne, war es tief und überaus schwer zu laufen. Unser Plan war, dass Terence Weber als erster Läufer Zeit gut machen sollte. Bei seinem WM-Debüt ging er diese Aufgabe sehr gut an und lief eine erste gute Runde. In der zweiten Runde gab es letztlich die entscheidende Schlüsselstelle des gesamten Rennens mit einhergehender Weichenstellung. Bei einem Antritt des Japaners Watabe am Burgstall, also dem langen Anstieg, musste Terence loslassen und kassierte weitere Sekunden. Das ist eine Frage der Tagesform und die war auf Seiten von Akito Watabe, der als ein starker Läufer gilt. Bei den Norwegern ging dann Kraabak ins Rennen, der mit Abstand stärkste Läufer des Feldes, der dann auch, wie erwartet, kräftig anzog und Zeit herausfuhr. Unser Fabian Riessle hielt so gut es ging dagegen, doch man konnte jetzt schon erahnen, dass die Norweger heute läuferisch glänzend aufgelegt waren.

Das änderte sich im weiteren Verlauf des Rennens nicht. Wir konnten uns zwar die Österreicher vom Leib halten, doch entscheidende Meter auf die Norweger gut zu machen, gelang nicht. Mit dem erst 19-jährigen Jens Oftebro, der im Einzel von der Normalschanze Bronze geholt hatte, kam das norwegische Rennen noch einmal in eine Phase, von der wir vorher geglaubt hatten, dass sie uns Möglichkeiten bieten würde. Doch der norwegische Youngster schlug sich hervorragend, Der Schlussläufer Riiber konnte das Rennen nach Hause laufen, ohne sich vollends verausgaben zu müssen. Unseren zweiten Platz konnten wir dann ebenso ins Ziel retten. Während wir in den letzten drei Jahren vor allem Defizite auf der Schanze gegenüber den Norwegern hatten, haben sie uns diesmal in der Loipe geschlagen. Alle vier Norweger haben eine sehr gute Laufleistung gezeigt, der wir wirklich Respekt zollen müssen, zwei Phasen haben den Männern in rot-blau gereicht, im Ergebnis das Rennen ungefährdet ins Ziel zu bringen. Wie eine Top-Fussball-Mannschaft, die zwei Chancen braucht, um letztlich zwei Tore zu machen und den Platz als Sieger zu verlassen, haben auch sie an diesem Nachmittag alles richtig gemacht. Herzlichen Glückwunsch an die Norweger.
Wir selbst sind glücklich und zufrieden über Silber, diese Medaille war letztlich hart erkämpft, wenn man bedenkt, dass die Österreicher mit rund 26 Sekunden Vorsprung das Rennen eröffneten. Die erste Medaille ist da, der Blick geht nun auf die weiteren zwei Wettkämpfe.

Oberstdorf 2021, Weltmeisterschaft: Silber mit der Staffel

MIT CHARME UND SCHERE

Noch am Abend setzten nach dem Staffelsilber bei einer feierähnlichen Runde im Hotel die ersten Diskussionen ein, welche wissenschaftlichen und halbwissenschaftlichen Maßnahmen hinsichtlich der noch ausstehenden Wettkämpfe ergriffen werden könnten, um den Norwegern den weiteren Zugriff auf Medaillen zu erschweren.

Björn Kircheisen brachte sich dabei ungewollt als Vorlagengeber ein, als er aus seinem Wohnort aus Aschau am Chiemsee neben der Gratulation per whatsapp bemerkte, dass wir wohl die langhaarigste deutsche Kombi-Staffel der Geschichte gewesen seien; dies in Anspielung darauf, dass wir durch die coronabedingten Friseurgeschäftsschliessungen neben den guten Sprung-und Laufleistungen auch durch wallende Haarpracht aufgefallen seien. Dies führte am Abend vor dem Kamin zu einer erhitzten Diskussion, zumal mir aufgefallen war, dass die Norweger im Gegensatz zu unserem Team sehr kurzhaarig unterwegs waren. Mehrheitlich waren wir der Auffassung, dass längere Haare grundsätzlich mehr Windwiderstand nach sich ziehen müssten und sich die Norweger entscheidende Meter und Sekunden auf der Schanze und in der Loipe allein durch ein paar Zentimeter kürzere Haare sozusagen „erschnitten" hätten. Mehrheitlich wurde der Mannschaftsbeschluss gefasst, einen der Assistenztrainer zu beauftragen, zu recherchieren, ob in Norwegen während der Pandemie die Friseursalons geöffnet waren und wenn nein, ob es Verstöße dagegen gab durch das heimliche Herrichten von windschnittigen Frisuren innerhalb des norwegischen Teams. Die Verschwörungstheoretiker rund um den Bundestrainer bekamen sofort Oberwasser, weil ihnen schon immer klar gewesen wäre, dass norwegische Siege nicht ohne etwas Verbotenes oder Widriges hätten entstehen können. Die Realos in der Mannschaft schafften es dann, die Diskussion schnell dahin zu lenken, welche Maßnahmen nun zu ergreifen wären, angesichts des neuen Erkenntnisstands. Sich ausschließlich mit der Zukunft zu beschäftigen, als in der Vergangenheit zu wühlen, war dann schließlich auch mehrheitsfähig, mit dem Ergebnis, dass der Assistenztrainer sich dann doch lieber damit zu beschäftigen hätte, wie die deutsche Mannschaft ordentliche WM-Frisuren erhalten könnte. Am späten Abend war dann mit der äußerst umsichtig agierenden Hotelleitung geklärt, dass am nächsten Morgen eine mobile Friseurdienstleistung im Hotel in Anspruch genommen werden könnte; dies natürlich im Rahmen aller Sicherheitsbestimmungen mit Maske und Abstand. Erleichtert nahm ich meinen Termin für meinen persönlichen Haarschnitt um 10. 30 Uhr entgegen. Einstimmig votierten wir dann noch dafür, dass besagte Friseurdienstleistung durch eine weibliche Hand zu erfolgen hätte, ohne richtigen Grund, einfach so aus Intuition und weil es gut tut.

Nachdem ich mich für eine "Vier Meter weiter und drei Sekunden schneller"-Schnittvorlage entschieden hatte und diese von der besagten Hand professionell umgesetzt wurde, ging ich in dem Bewusstsein zum Mittagessen, dass die norwegische Siegesserie nunmehr der Geschichte angehören würde.

ANLAUF

Die letzten Trainingssprünge von der Großschanze gelingen gut, ich bin zufrieden. Die Trainer wollen nochmal, dass ich hochgefahren werde, um noch ein letztes Mal zu springen, ich winke ab. Die Sprünge reichen. Den guten Eindruck, den ich von mir selbst habe, möchte ich nicht verwässern, man muss im Training vor dem Wettkampf mit einem guten Sprung aufhören, das habe ich nun gemacht.

Heute nachmittag steht ein leichtes Lauftraining in der Loipe auf dem Programm, natürlich bei schönsten Rahmenbedingungen: blauer Himmel, Sonnenschein, „weltmeisterschaftliches" Wetter!

Am frühen Abend werde ich mich dann zurückziehen, um mich mental auf den morgigen Wettkampf vorzubereiten. Ruhe finden, Kraft sammeln, sich auf sich zurückziehen – dabei spielen Erinnerungen aus meinem mittlerweile reichhaltigen Sportlerleben eine wichtige Rolle. Ich rufe innerhalb von Tagträumen meine wichtigsten Erfolge vor, häufe so auch nochmal innerlich Selbstbewusstsein an.

Mentaler Rückzug vor dem Wettkampf, Oberstdorf 2021, Weltmeisterschaft

Ich weiß, dass ich mehr als andere auf den Punkt bei Großveranstaltungen da sein kann, weil sich Versagensängste bei mir nicht breit machen. Ich bin konzentriert auf den Punkt, so wie vor zwei Jahren in Seefeld, wo ich mich nach einer nun wirklich verkorksten Saison auf der WM-Großschanze zurückgemeldet hatte und den Titel holen konnte. Diese Saison lief um einiges besser: sieben Top-Ten-Platzierungen bei den Weltcups, drei Podestplätze und im ersten Wettkampf der Weltmeisterschaft den vierten Platz, dazu eine gute Leistung in der WM-Staffel. Die Leistungsfähigkeit ist da. Als Titelverteidiger werde ich morgen im Normalfall ein Wörtchen mitreden, wenn es um die Vergabe der Medaillen geht. Mein Ziel ist das Podest, mein Ziel ist der Titel, was soll ich da rumreden. Ich fühle mich wirklich gut, es könnte klappen, spannend werden die Kämpfe auf der Schanze und in der Loipe allemal. Der Sieger wird auch ein wenig Glück auf seiner Seite haben müssen, dafür ist die Leistungsspitze zu dicht.

Ein letzter Spaziergang in den Abendstunden wird mich einstimmen auf den morgigen Tag: Sochi 2014 Olympiasieg, Pjoengchang 2018 Olympiasieg, Seefeld 2019 Weltmeistertitel, Oberstdorf 2021?

Mein Bestes werde ich geben und dann sehen, wozu es gereicht hat.

SPRUNGDESASTER

Die Bewölkung über dem Oberstdorfer Tal war ein schlechtes Omen; der erste Wettkampftag ohne Kaiserwetter führte einen großen Rückschlag für das gesamte deutsche Team mit sich.
Zurück mit dem Mannschaftsbus ins Hotel – keiner spricht. Soeben sind wir mit dem Wettbewerb auf der Großschanze durch und das Ergebnis ernüchtert. Alle deutschen Teilnehmer liegen auf das Führungstrio Riiber, Watabe, Lamparter weit zurück. Da die drei Führenden zugleich als gute Läufer gelten, stehen wir vor einer Herkulesaufgabe, die sprachlos macht. Alle deutschen Athleten sind weit hinter den Sprüngen im Probedurchgang zurückgeblieben, obwohl die Bedingungen ähnlich waren. Dieses Phänomen konnten wir auch bei einigen Top-Leuten sehen, wie z.B. bei den Norwegern Graabak und Oftebro oder beim Finnen Herola. Ich selbst habe die Vermutung, dass ich eine Idee zu früh abgesprungen bin, aber das liegt jetzt hinter dem Flug.
Im Hotel werden wir daran gehen, die Strategie für den Lauf festzulegen – ein schwieriges Unterfangen. Wenn überhaupt was gehen soll, muss man von Anfang an hart knüppeln. Es wird ein Rennen bis zur Selbstaufgabe werden, das ist gewiss. Fabian Riessle wird ein paar Sekunden vor mir in den Lauf einsteigen. Ich werde möglichst schnell zu ihm aufschließen und dann werden wir vereint versuchen, an das Führungstrio heranzukommen. Es kann in einem solchen Rennen ja viel passieren, daher werden wir es sportlich nehmen und laufen, als ob es kein Morgen gäbe. Aber man braucht kein Prophet oder Experte zu sein, um zu realisieren, dass es, wenn alles normal für die anderen Athleten läuft, für das deutsche Team heute kaum eine Medaille geben kann.
Aber wir sind alle so professionell, trotzdem alles zu geben und dann werden wir sehen, wie sich die Dinge heute nachmittag entwickeln. Also, raus aus dem Sprunganzug, Duschen, Kopf lüften, ein leichtes Mittagessen und dann Teambesprechung.

Bis 15 Uhr wird nicht viel Zeit sein, sich Gedanken zu machen über das verkorkste Springen. Das ist gut so, der Blick muss ohnehin nur nach vorne gerichtet werden.

Oberstdorf 2021, Weltmeisterschaft: Einzel Großschanze, nach dem Springen

WEISHEITEN

in magnis voluisse sat – in großen Dingen ist es viel, versucht zu haben – ein Leitsatz meines Managers Stephan Peplies, den ich seit gestern vollkommen verinnerlicht habe. Lateinische Redewendungen bilden doch die wesentlichen Sachverhalte des Lebens ab! Die Aufgabe war „bigger than life", um die römischen Weisheiten noch um amerikanische Emotionalität anzureichern. Ich bin sie trotzdem angegangen, obwohl ich von mindestens fünf Journalisten ernsthaft gefragt worden war, ob die deutschen Starter überhaupt noch in die Loipe wollen, angesichts der großen Zeitabstände auf die Führenden, die wir uns auf der Großschanze eingehandelt hatten. Ja, wir wollten!

Weltmeisterschaften sind keine Karnevalsveranstaltung, Spitzensportler haben zu liefern und sie sollten neben der eigenen Leistung auch die Leistung des anderen im Blick haben. Nicht anzutreten, sich nicht anzustrengen, liegt jenseits des Credos eines Spitzensportlers. Außerdem weiß man im Sport nie, was passiert. Laufen sich die Führenden auf einmal alle blau, ist man doch schneller in der Verlosung um die Medaillen als gedacht. Nicht anzutreten würde aber vor allem respektlos gegenüber den Führenden, den anderen Mitstreitern gewesen sein.

Wer A sagt, muss auch B sagen, um es schlussendlich mal mit einer deutschen Weisheit zu sagen. Das Unternehmen Aufholjagd startete dann am Nachmittag pünktlich um 15 Uhr und es war nach einer guten halben Stunde mit einem für mich verblüffendem Ergebnis abgearbeitet. Eine wilde Hatz durch das fast gesamte Feld endete mit einem vierten Platz, also dem Ergebnis, das bereits nach dem ersten Einzelwettbewerb bei mir zu Buche stand. Läuferisch hatte ich alles gegeben und dies war sicherlich eines meiner besten Laufergebnisse innerhalb der gesamten Karriere. Dass man doch nicht sonderlich stolz auf einen solchen Einzelaspekt ist, versteht sich im Hinblick auf das Gesamtergebnis schon. Der vierte Platz ist immer undankbar und diese Undankbarkeit habe ich mir bei diesen Heimweltmeisterschaften doppelt anheften lassen. Aber es hilft kein Jammern. Zweimal Vierter ist die Bestätigung, der engeren Weltspitze anzugehören und das kann kein schlechtes Gefühl sein. So kann man es auch sehen. Die Aufgabe für die nächste, die olympische Saison, liegt jetzt schon auf der Hand. Der Abstand zu den Norwegern konnte in der Weltcupsaison verringert werden, aber hier in Oberstdorf waren sie wieder auf den Punkt fit und konstanter als wir im Abrufen der Leistung. Wir müssen weiter arbeiten, hart und konsequent. Dass die Könige aus Norwegen nicht unverwundbar sind, hat gestern ein junger Mann aus Österreich gezeigt, der innerhalb weniger Tage das Kunststück fertigbrachte, Weltmeister bei den Junioren und den „Erwachsenen" zu werden.

Hierzu meinen Glückwunsch!

Oberstdorf 2021, Weltmeisterschaft: Einzel, Großschanze, Lauf

DANKE AN SIMONE

Die Experten waren sich einig. Es gäbe wohl keine Medaille für das deutsche Team im Teamsprint, zu schlecht die Sprünge von der Schanze, zu groß die Abstände auf die führenden Nationen. Journalisten und Funktionäre haben auf uns nicht mehr gesetzt, bis auf eine Anhängerin namens Simone, der von Anfang an klar war, dass wir die Bronzemedaille gewinnen.

Das Rennen begann und es war klar, dass es nicht leicht werden würde; signifikante Zeitabstände im Teamsprint zu eliminieren, ist schwer. Die Österreicher hatten einen ordentlichen Vorsprung, die Norweger hatten starke Läufer, die Japaner hatten meinen Freund Akito Watabe und wir, wir hatten Simone, die im Moment des Starts noch schnell eine Flasche Sekt Schloss Vollrads in den Kühlschrank steckte, die sie auf die Bronzemedaille zu trinken gedachte. Obwohl das Rennen sehr zäh begann und die Abstände trotz größter Bemühungen unsererseits nicht kleiner wurden und auch schon die engsten deutschen Funktionärskreise sich vor der Kamera damit abfanden, dass Deutschland in diesem Wettbewerb wohl keine Medaille bekommen würde, verfolgte Simone mit einem Stück Sachertorte das Rennen und machte in der zweiten Runde schon den Sekt auf, um im Voraus schon mal auf die kommende Bronzemedaille anzustoßen. Diesen Korkenknall, 500 km von der Wettkampfstätte entfernt, in einem Ort namens Laufenselden, müssen wir dann doch irgendwie gehört haben. Obwohl wir die Abstände auf die Norweger und Österreicher nicht verändern konnten, waren wir aber jetzt den Japanern auf den Fersen. Im sicheren Bewusstsein, dass die Bronzemedaille kommt, diskutierte derweil Simone in Seelenruhe über die Sinnhaftigkeit von Marsexpeditionen angesichts dringend zu lösender Probleme hier auf Erden; unseren Loipenkampf sah sie dabei nicht als eines dieser Probleme an. In der Runde ihrer häuslichen Zuschauer war sie die letzte, die, als auch dort sich alle der Mainstream-Meinung anschlossen, weiterhin eisern an der Prognose hinsichtlich einer Bronzemedaille festhielt. Es war der Zeitpunkt, an dem ich merkte, dass die Japaner stagnierten und wir Sekunden aufholten. Wir arbeiteten uns langsam ran. Eine Erkenntnis die beflügelte und die Simone, befriedigt zur Kenntnis nahm. In der vorletzten Runde flog Fabian Riessle an den Japaner Yamamoto heran, am Burgstall stellte er den müden Kontrahenten um das Edelmetall. Eine Situation, die in den ersten Skeptikerköpfen die Möglichkeit wieder zuließ, dass doch noch Bronze geholt werden könnte, während Simone lakonisch kommentierte: „Hab ich doch gesagt!" Zeitgleich übergab Fabian an mich wie Yamamoto an Watabe. Als ich mich dann an Akito erstmal dranhing sahen die meisten Zuschauer einen vom Aufholen konditionell gebeutelten Eric Frenzel, der jetzt doch wohl die Medaille loslassen müsste. Für Simone dagegen war ich als Taktikfuchs schnell durchschaut: „Der weiß, was er macht!" Wenn Anhängerschaft und Expertise so zusammenfallen wie bei Simone, gilt die Prognose eigentlich als sicher.

Im Zieleinlauf konnte ich mich ansaugen und auf den letzen Metern meinen Freund Akito übersprinten. Bronze, die sich wie Gold anfühlte und auf die ich mit Simone demnächst gerne anstoßen würde.

Eric mit Simone, der Frau von Eric Frenzels Manager Stephan Peplies

ZUM NACHDENKEN

Die Heimweltmeisterschaft ist vorbei und ich bin im Nachhinein am glücklichsten darüber, dass diese Veranstaltung angesichts der Pandemie überhaupt stattfinden konnte und ich an dieser auch teilnehmen durfte. Das gesamte deutsche Team ist überdies gesund geblieben. Ein Umstand, mit dem man auch nicht unbedingt rechnen konnte und wofür wir dankbar sind. Mit einer Silber-und einer Bronzemedaille als Ausbeute bin persönlich sehr zufrieden, konnte ich nun, was die Anzahl der gewonnen WM-Medaillen anbelangt, nämlich 17, mit dem großen Björn Daehli gleichziehen. Meine zwei vierten Plätze in den Einzelwettbewerben waren von der gezeigten Leistung sehr gut und haben mich in der engsten Weltspitze sein lassen. Natürlich hadert man mit den Holzmedaillen, zumal im ersten Wettbewerb nur wenige Sekunden auf Gold fehlten. Das Wesentlichste für mich war – und dies auch im Hinblick auf die olympischen Spiele- die Bestätigung, im engsten Kreis der Medaillenanwärter zu sein. Dass manchmal auch ein wenig Fortune dazugehört, um einen Wettkampf mit einem Titel zu beschließen, ist selbstredend. Und am Ende des Tages muss man auch vor allem die Leistung eines Weltmeisters schlicht würdigen, auch wenn er nicht aus Deutschland kommt. Die Leistungen der Norweger waren außerordentlich sowie die der Österreicher mit ihrem neuen jungen Helden Lamparter.

Diese Gedanken haben sich offensichtlich einige Medienvertreter nicht gemacht, bevor sie mit dem Sprechen angefangen haben und dem deutschen Kombinationsteam einen historischen Absturz und eine Demontage testierten.

Ist man abgestürzt, wenn man in den Einzelwettbewerben zweimal einen vierten Platz holt? Ist man demontiert, wenn man wenige Sekunden nach dem frischen Weltmeister ins Ziel kommt?

Was wäre eigentlich, wenn man diese respektlose Bewertung geradlinig auf den Journalismus projizieren würde, der tatsächlich nur den ersten Platz als lobenswertes Ereignis darstellen will. Würde man dann „mit dem Zweiten tatsächlich besser sehen"? Lieber Journalist, dessen Namen ich aus Höflichkeit hier gar nicht nennen möchte, ich denke, dass eine Silbermedaille in der Mannschaft nicht die Demontage einer Nation darstellt, zumal wir in diesem Wettbewerb die starken Österreicher schlagen konnten. Genauso denke ich über die wirklich hart erkämpfte Bronzemedaille im Teamsprint, die sich für mich wie eine goldene angefühlt hatte. Und wenn ich zweimal in den Einzelwettbewerben unter die vier besten Athleten der Welt komme, dann freue ich mich über meine Leistung und dies als zweimaliger Olympiasieger und 17-facher WM-Medaillengewinner.

Wer dies journalistisch anders darstellt, hat schlicht keine Ahnung vom Sport an sich und respektiert Leistungen nicht, die Leistung des Viertplatzierten und die Leistung der drei Medaillengewinner und sollte sich fragen, ob er nicht in einem anderen Beruf besser aufgehoben wäre.

Oberstdorf 2021, Weltmeisterschaft, Fotoshooting im Mannschaftshotel

ERIC FRENZELS MERINOWOLL-MÜTZE FÜR WINTERSPORTFANS IN LIMITIERTER EDITION

Als Hommage an das Gastgeberland der Olympischen Winterspiele in Pyeongchang 2018 legte Eric Frenzel eine hochwertige Merinowoll-Mütze in limitierter Edition auf. Auf der Mütze ist die Unterschrift des Olympiasiegers 2014 und 2018 aufgestickt; zugleich ist unter der Unterschrift von Eric Frenzel sein Name in koreanischen Schriftzeichen gesetzt. Die Mütze kostet 47,60 Euro, zuzüglich Versandkosten.
Der Bestellschein ist über die folgende Mailanschrift anzufordern:

peplies@pepliesconsult.de

„Leistungssportler und Unternehmer eint das Bewusstsein, dass man nur mit Disziplin, Fleiß, Klugheit und Kreativität das Ziel erreichen kann."

Walter Winkler und Eric Frenzel